Wolfgang Bosbach
Wer glaubt uns noch?

Wolfgang Bosbach
Wer glaubt uns noch?

Warum Politik an Vertrauen verliert
und was wir dagegen tun können

Econ

Besuchen Sie uns im Internet:
www.ullstein.de

Econ ist ein Verlag
der Ullstein Buchverlage GmbH

ISBN: 978-3-430-21084-3

Lektorat: Dr. Annalisa Viviani, München
Gesetzt aus der Minion Pro
Satz: Pinkuin Satz und Datentechnik, Berlin
Druck und Bindearbeiten: GGP Media GmbH, Pößneck

Für Caroline, Natalie, Viktoria und Camer Can jun. –
euch gehört die Zukunft!

Inhalt

Prolog

—

> Diejenigen, die zu klug sind, um sich in der Politik zu engagieren, werden dadurch bestraft, dass sie von Leuten regiert werden, die dümmer sind als sie.
>
> *Platon*

»Dieser Film ist ein Loblied auf die Schule, aber es ist möglich, dass die Schule es nicht merkt« – so heißt es gleich zu Beginn des Film-Klassikers *Die Feuerzangenbowle*, nach dem berühmten Roman von Heinrich Spoerl. In der Hauptrolle der unvergessene Heinz Rühmann als Dr. Johannes Pfeiffer – mit drei »f«.

Zwar ist dieses Buch nicht unbedingt ein Loblied auf die aktuelle Politik, aber dennoch geschrieben mit großer Sympathie für unsere freiheitlich-demokratische Grundordnung und in der Hoffnung auf eine Politik, die von den Bürgerinnen und Bürgern nicht mit Skepsis betrachtet und mit eher spitzen Fingern angefasst wird, sondern die möglichst viele überzeugt und zum Mitmachen motiviert. Die Bundesrepublik Deutschland ist nicht das Land der Regierungen, nicht das Land der Abgeordneten, der Parteien oder der Politikerinnen und Politiker. Es ist *unser aller* Land! Und Politik ist zu wichtig, um sie ausschließlich den Politikern zu überlassen. Mit unserer Stimmabgabe in der Wahlkabine übertragen wir zwar auf Bundes-, Landes- oder Kommunalebene politische Verantwortung – aber unsere eigene Verantwortung für das Gemeinwesen können wir nicht delegieren. Millionen nehmen sie in vielfältiger, ganz unterschiedlicher Form wahr: durch ehrenamtliches Engagement im sozialen Bereich, im Umwelt- und Naturschutz, in den verschiedenen Hilfsorganisationen, in der sogenannten Blaulichtfamilie im Sport oder in der Kultur. In Verbänden und Vereinen, im gesamten vorpolitischen Raum.

Nur den Parteien fällt es zunehmend schwer, Frauen und Männer – vor allem junge Menschen – für ihre Aufgaben und mit ihrer Arbeit zu begeistern. Das gilt nicht nur, aber insbesondere für die Volksparteien CDU / CSU und SPD. Woran liegt das, und war das schon immer so?

Keineswegs! Zunächst in die Junge Union und kurz danach auch in deren Mutterpartei CDU eingetreten bin ich im Sommer 1972. Mitten in einer Zeit heftiger innenpolitischer Auseinandersetzungen und eines Bundestagswahlkampfs, der unter dem Kürzel »Willy-Wahl« bekannt wurde. Besonders umstritten war die neue Ostpolitik von Kanzler Willy Brandt (SPD) unter der Formel »Wandel durch Annäherung«. Das konstruktive Misstrauensvotum vom 24. April 1972, mit dem Brandt das Misstrauen ausgesprochen und an seiner Stelle der Abgeordnete Dr. Rainer Barzel (CDU) zum Kanzler gewählt werden sollte, heizte die politische Stimmung weiter an. Die Abwahl Brandts scheiterte mutmaßlich an zwei gekauften Stimmen. Auf den Straßen und Plätzen der Republik gab es lautstarke Demonstrationen für Brandts Verbleiben im Amt –

dann folgte ein Wahlkampf, der mit erbitterter Härte geführt wurde. Hunderttausende strömten in jenen Jahren in die Parteien oder deren Jugendorganisationen, man bekannte sich in aller Öffentlichkeit zu dieser oder jener Partei, viele Autos trugen entsprechende Aufkleber – heute eher eine Rarität.

In den zurückliegenden 50 Jahren habe ich zunächst auf kommunaler Ebene (1975–1999) und dann im Bund (1994–2017) viele Erfahrungen sammeln können – oder sammeln müssen. Je nach Betrachtung. Auf einige hätte ich liebend gerne verzichtet, aber die meisten waren durchaus positiv. Nicht nur innerhalb der eigenen Partei, auch über Parteigrenzen hinweg, und es ist gut, dass Vertrauen und persönliche Sympathie nicht an Parteigrenzen haltmachen müssen. Zu diesen Erfahrungen gehört leider auch, dass nach meiner Beobachtung die Kluft zwischen Wählern und Gewählten im Laufe der Zeit immer tiefer geworden ist. Aus ganz unterschiedlichen Gründen, die ich in diesem Buch etwas näher beleuchten möchte. Ebenso möchte ich aufzeigen, was wir tun können, um die Kluft nicht noch größer werden zu lassen, um verlorenes Vertrauen in die Politik zurückzugewinnen.

Manchmal sind es weniger spektakuläre Ereignisse, die prägend sind, als ganz persönliche Erlebnisse und Begegnungen, die bei mir einen nachhaltigen Eindruck hinterlassen haben.

Während ich das Abitur auf dem zweiten Bildungsweg nachgeholt und anschließend an der Universität zu Köln Rechtswissenschaften studiert habe – wobei einige meiner Professoren meinten, ich hätte eine Art Fernstudium absolviert –, arbeitete ich nebenbei für Franz Heinrich Krey, den langjährigen Bundestagsabgeordneten des Rheinisch-Bergischen Kreises, dessen Mandat ich 1994 übernehmen durfte. Für ihn war »Bürgernähe« kein Wahlkampfslogan, sondern tägliche Praxis.

Seine Devise: Immer Kuli und Papier dabeihaben, um Wünsche und Anliegen der Bürgerinnen und Bürger zu notieren, gut zuhören und nie auf die Uhr schauen. Das schafft Vertrauen.

Im Herbst 2003 beschlossen sowohl der Bundestag als auch der Bundesrat die Einrichtung einer »Föderalismuskommission«, deren Ziel es war, die Zahl der im Bundesrat zustimmungsbedürftigen Gesetze zu reduzieren, Zug um Zug für mehr Kompetenzen der Länder, insbesondere in den Bereichen Bildung und Beamtenrecht. Co-Vorsitzende waren der bayerische Ministerpräsident Edmund Stoiber (CSU) und der damalige SPD-Vorsitzende Franz Müntefering.

In meiner Funktion als stellvertretender Vorsitzender der CDU / CSU-Bundestagsfraktion für die Bereiche Innen- und Rechtspolitik, also auch für das Verfassungsrecht, war ich Obmann einer kleinen Delegation der Unionsfraktion. Die Aufgabenstellung für die Arbeit der Kommission hörte sich einigermaßen schlicht an, aber auch hier steckte der Teufel im Detail. Schon in den ersten unionsinternen Abstimmungsrunden gab es, vorsichtig ausgedrückt, einige Differenzen zwischen den Interessen des Bundes und denen der Länder, also auch zwischen Edmund Stoiber und mir. Und da Nachgeben nicht gerade zu unser beiden Kernkompetenzen gehört, wurde es bisweilen auch etwas heftiger.

Ende des offiziellen Teils. Ein Mitarbeiter des bayerischen Ministerpräsidenten kam auf mich zu und teilte mir zackig mit, der Herr Ministerpräsident wünsche ein Gespräch unter vier Augen. Zwei davon sollten meine sein. Erster Gedanke: Oha. Jetzt gibt es Ärger! Nur nicht einknicken, immer schön auf (Bundes-)Linie bleiben! Und dann kam alles ganz anders: Edmund Stoiber bot mir spontan das Du an, es gab nicht nur Alkoholfreies zu trinken, und es wurde ein langer Abend. Stoiber hat mit einer Detailkenntnis und Leidenschaft diskutiert, die man in der Politik leider viel zu selten antrifft. Er brannte förmlich für seine Überzeugungen und Ideen und warb für die Positionen der Länder mit einer Hingabe, die mich beeindruckt hat – und die mich auch heute noch beeindruckt. Jedes Mal, wenn wir uns treffen. Edmund Stoiber ist Jahrgang 1941. Es ist nicht das Alter, es ist die Einstellung zur politischen Arbeit, die entscheidend ist. Seine Einstellung war – und bleibt – vorbildlich, beeindruckend. Wer Politik als »Job« begreift, der sollte noch einmal in Ruhe darüber nachdenken, ob er die richtige Berufswahl getroffen hat.

Ich habe kein politisches Amt mehr inne, strebe auch kein neues mehr an. Ich habe – so gut wie es mir möglich war – versucht, in allen Ämtern mein Bestes zu geben. Mögen andere entscheiden, ob mir das gut oder doch nur suboptimal gelungen ist. Geblieben ist die Leidenschaft für die Politik. Die Treue zu »meiner« Union, auch wenn ich manchmal mit ihr hadere. So, wie sie gelegentlich auch mit mir gehadert haben dürfte. Aber es war auch nie mein Ziel, Regierungssprecher zu werden. Ich wollte – und will auch heute noch – nur meinen politischen Idealen und Überzeugungen treu bleiben und mich dafür einsetzen, dass die Bürgerinnen und Bürger der Politik wieder mehr Vertrauen entgegenbringen können.

Bergisch Gladbach, im Juli 2022

Bitte keine unnötige Aufregung!

Die Sprache macht den Menschen –
die Herkunft macht es nicht!

Aus: My Fair Lady, *Musical von Alan Jay Lerner*

Ein schöner Herbstabend in einem Hotel im Hochschwarzwald. In dem gut besuchten Veranstaltungssaal des Hauses fiebert das Publikum sowohl einem vorzüglichen Menü als auch der nachfolgenden geselligen Veranstaltung entgegen.

Gut gelaunt begrüßt der Hotelier die »Gäste« des Hauses, wünscht einen interessanten, abwechslungsreichen Abend – aber zunächst einmal von Herzen »Guten Appetit«! Höflicher Applaus, unspektakulärer ist eine Veranstaltung selten eröffnet worden.

Den ganzen Abend über wurde das Publikum bestens unterhalten, überall nur fröhliche Gesichter. Jedenfalls war das der allgemeine Eindruck. Von einem Skandal keine Spur. Dieser Eindruck sollte sich am nächsten Morgen allerdings abrupt ändern.

Beim Frühstück saßen an meinem Nachbartisch zwei Paare,

die es jedenfalls zu diesem Zeitpunkt noch waren. Zwei Frauen und zwei Männer. Eine der Damen beklagte sich bitterlich darüber, dass der Hausherr am Abend zuvor nur die männlichen Gäste begrüßt habe, nicht aber auch die weiblichen. Er habe laut und deutlich die »Gäste« begrüßt, also nur den männlichen Teil des Publikums, nicht auch die »Gästinnen«, den weiblichen Teil. Dadurch fühle sie sich ausgeschlossen und diskriminiert, das sei untragbar. An der Sprache erkenne man den Charakter eines Menschen, schließlich gebe es doch aus einem Musical das Zitat »Die Sprache macht den Menschen, die Herkunft macht es nicht!« Betretenes Schweigen.

Das Zitat kannte ich, es stammt aus *My Fair Lady*. Das Wort »Gästinnen« hatte ich allerdings noch nie gehört. Ich hatte sogar meine Zweifel, ob es das Wort überhaupt gibt, genauer gesagt, ob es im Duden zu finden ist. Spontaner Griff zum Smartphone, und dank Google konnte ich schnell finden:

»Gästin klingt auch in unseren Ohren ungewohnt, steht aber als feminines Pendant zu Gast im Duden. [Oha ...] Im Allgemeinen wird das Wort Gast bzw. Gäste (aber) als geschlechtsneutraler Oberbegriff [Aha ...] empfunden, vergleichbar mit dem Wort Person.« Und – Überraschung – selbst Katia Mann, verheiratet mit dem Schriftsteller Thomas Mann, verwendete dieses Wort ebenso wie die Gebrüder Grimm. Jetzt war ich eines Besseren belehrt, die Wörter »Gästin / Gästinnen« gibt es tatsächlich. Bleibt die Frage: Muss man sich wirklich ernsthaft darüber empören, dass der Hausherr nur die »Gäste« begrüßt hatte und nicht gendergerecht die »Gästinnen und Gäste«? Hat der Hotelier durch seine Ausdrucksweise, die vermutlich 99 Prozent aller Personen in gleicher Lage auch benutzt hätten, die am Vorabend anwesenden Damen tatsächlich diskriminiert? Wenn ja, warum ist dieser Fauxpas allen anderen Damen – die am Vorabend in der Mehrzahl waren – offensichtlich gar nicht aufgefallen? Ich selber saß am Vorabend mit drei Damen an einem Tisch, keine einzige kritisierte die Wortwahl »Gäste«.

Indes ging die Debatte am Nachbartisch munter weiter. Allmählich pendelte sich die Lautstärke auf einem beachtlich hohen Niveau ein mit der Folge, dass immer mehr »Gästinnen und Gäste« wider Willen zuhören mussten. Offensichtlich wurde die Debatte auch deshalb heftiger, weil weder der Partner der empörten Tischnachbarin noch das andere Paar bereit waren, sich gleichfalls zu empören. Kurzum: Ein Wort gab das andere. Irgendwann verließ die nicht empörte Nachbarin den Tisch unter Protest, offenkundig deshalb, weil sie zum einen nicht gewillt war, den Gegenstand des Streites als echtes Problem anzusehen und noch länger darüber zu debattieren, weil sie sich zum anderen weigerte, sich entgegen ihrer eigenen Meinung auf Wunsch zu empören, und weil sie sich drittens das Frühstück durch die lautstarke Diskussion nicht länger verderben lassen wollte.

Hand aufs Herz, liebe Leserin, lieber Leser: Wer von Ihnen hat schon einmal das Wort »Gästin« gehört oder sogar benutzt? Wenn nicht, würden Sie denn fortan – um nicht unter Diskriminierungsverdacht zu geraten – bei passender Gelegenheit dieses Wort wählen, oder es doch bei der herkömmlichen Wortwahl belassen?

Natürlich ist es richtig, dass wir mit der Sprache in Wort und Schrift sorgsam umgehen sollten! Unsere Worte sind ausformulierte Gedanken und mit unserer Sprache sollten wir niemanden beleidigen, ausgrenzen, verletzen, diskriminieren. Aber müssen wir deshalb aus Formulierungen wie »Mitarbeiterinnen und Mitarbeiter« schriftlich und phonetisch unbedingt

»Mitarbeiter:innen«, »MitarbeiterINNEN« oder »Mitarbeitende« machen? Wobei sich bei der letzten Wortwahl viele Fragen stellen, zum Beispiel ob der Begriff auch dann noch richtig ist, wenn sich die Mitarbeiterinnen und Mitarbeiter im wohlverdienten Urlaub befinden. Oder krankheitsbedingt nicht arbeiten können?

Auffallend ist auch, dass mittlerweile in den meisten TV-Sendungen streng auf eine gendergerechte Sprache geachtet wird, aber keineswegs konsequent: Begriffe wie »Extremisten« oder »Aktivisten« werden weiterhin gerne benutzt. Am 15. Mai 2022 wurde im Hörfunk zunächst über die Arbeit der »Wahlhelfer« berichtet, aus denen dann eine Stunde später »Wahlhelfende« wurden. Ganz originell war der Sender HR-Info am 21. Mai 2022, der nach einem Besuch des Ministerpräsidenten von NRW, Hendrik Wüst, in der von einem Tornado heimgesuchten Stadt Paderborn von Begegnungen des Landesvaters mit »Anwohnern und Helfenden« berichtete. Da hatte man ganz offensichtlich die Orientierung verloren, ob nun gegendert werden sollte oder nicht. Ich fürchte, mittlerweile wird mehr Zeit damit verbracht, Texte aller Art gendergerecht zu formatieren, als auf deren inhaltliche Aussagekraft zu achten. Und der Kfz-Hersteller Audi muss sich vor Gericht von einem klagenden Mitarbeiter des VW Konzerns, der nicht als »Audianer_in« angeschrieben werden möchte, die – berechtigte – Frage gefallen lassen, ob denn Sätze des Konzerns wie »Der_die BSM-Expertin ist qualifizierte_r Fachexpert_in« unbedingt notwendig sind, um auch nur den Anschein mangelnder Sprachsensibilität tunlichst zu vermeiden. Der offensichtlich alltagstaugliche Richter schlug Audi vor, den Kläger zukünftig »halt normal« anzuschreiben, was Audi jedoch ablehnt. In einer Handreichung »Gendergerechte Sprache« der Rheinisch-Westfälischen Technischen Hochschule Aachen wird die These vertreten, dass zunächst ungewohnt erscheinende Formulierungen – siehe Fall Audi – nach einer gewissen Zeit »zur Normalität« würden.

Nein, hier geht es gerade *nicht* um einen natürlichen Sprachwandel aus der Mitte der Gesellschaft, hier wird die Sprache »durch politischen und institutionellen Druck von oben« (FAZ) gewandelt.

Denn es war nicht der Staat, es waren nicht heillos überforderte Politikerinnen und Politiker, die Gendersternchen, Doppelpunkt in einem einzigen Wort oder das große Binnen-I erfunden haben oder gar deren Benutzung vorschreiben würden! Es hat auch keinen natürlichen Sprachwandel gegeben, in dessen Verlauf derartige Wortschöpfungen entstanden wären. Es ist vielmehr die »Kombination von Bitten und Befehlen« (FAZ), namentlich an unseren Hochschulen, die ihre »Studierenden« auf »geschlechtergerechte Texte« festlegen. Bei Verweigerung, ganz gleich ob vorsätzlich oder nur fahrlässig, natürlich mit negativen Konsequenzen bei der Notengebung.

Der Rat für deutsche Rechtschreibung spricht sich übrigens *gegen* eine Verpflichtung zum Gendern aus, weil es der Klarheit der Sprache eher schade als diene. Wörtlich heißt es in dessen Empfehlung vom 26. März 2021: »Der Rat (…) bekräftigt (…) seine Auffassung, dass allen Menschen mit geschlechtergerechter Sprache begegnet werden soll und sie sensibel angesprochen werden sollen. Das ist allerdings eine gesellschaftliche und gesellschaftspolitische Aufgabe, die nicht allein mit orthografischen Regeln und Änderungen der Rechtschreibung gelöst werden kann. Das amtliche Regelwerk gilt für Schulen sowie für Verwaltung und Rechtspflege. Der Rat hat vor diesem Hintergrund die Aufnahme von Asterisk (›Genderstern‹), Unterstrich (›Gendergap‹), Doppelpunkt und anderen verkürzten Formen zur Kennzeichnung mehrgeschlechtlicher Bezeichnungen im Wortinnern in das Amtliche Regelwerk der Deutschen Rechtschreibung zu diesem Zeitpunkt nicht empfohlen.«

Das wiederum hinderte den hoch angesehenen Duden nicht daran, sogar dem Wort »Spitzbübin« den gendergerechten Ritterschlag zu verleihen, obwohl das Wort ein Widerspruch in sich ist. Bislang fand das Wort »Bube« richtigerweise nur in Verbindung mit jungen männlichen Wesen Verwendung. Es handelt sich übrigens um den gleichen Duden, der »Bub« als »Kind männlichen Geschlechts« charakterisiert. Wenn das richtig ist, wie kann es dann eine »Spitzbübin« geben? Fragen über Fragen! Und da schon 2014 die Zahl der Genderprofessuren in Deutschland, Österreich und der Schweiz diejenige der Professuren in Altphilologie locker überstiegen hatte, vermute ich: Da kommt noch einiges auf uns zu.

Nicht aber in diesem Buch.

Gerne leiste auch ich meinen ganz persönlichen Beitrag zum Thema Gleichberechtigung – auch ohne Zwang von wem auch immer. Aber Genderstern oder ein Doppelpunkt im Wortinneren kommen hier ganz bewusst nicht vor. Eine künstlich veränderte Sprache möchte ich auch nicht in Schriftform nutzen. Ich möchte meine Gedanken so formulieren, wie es – auch heute noch – dem allgemeinen Sprachgebrauch entspricht. Und sollten Sie, liebe Leserin, lieber Leser, in diesem Buch ein Maskulinum entdecken, dann darf ich Ihnen versichern, dass es sich um ein generisches handelt – natürlich nicht um ein spezifisches. Es sei denn, dass sich aus dem Kontext etwas anderes ergibt.

Und wenn Sie einverstanden sind, geht es ab sofort nur noch darum, warum nach meiner Beobachtung und Erfahrung die Distanz zwischen Wählerinnen und Wählern einerseits und den Gewählten anderseits in den vergangenen Jahren und Jahrzehnten leider immer größer geworden ist und was wir dagegen tun können, damit sich das wieder ändert.

Und sollten Sie, liebe Leserin, demnächst bei irgendeiner Veranstaltung wieder mit »Liebe Gäste« begrüßt werden, bitte regen Sie sich nicht auf. Es gibt so viele andere Dinge und unhaltbare Zustände, über die wir uns alle aufregen können. Und das nicht grundlos.

»Angst um die Zukunft meiner Kinder«

Lass deine Taten sein wie deine Worte.
Und deine Worte wie dein Herz.

Ludwig Uhland

Wir stehen vor großen Problemen und Herausforderungen, national und global. Der unaufhaltsam erscheinende Klimawandel, die Coronapandemie mit all ihren gesundheitlichen, ökonomischen und psychosozialen Folgen, die vielen politischen, ethnischen und religiösen Konflikte und nicht zuletzt der Überfall Putins auf die Ukraine sind hierfür nur wenige, aber besonders prägnante Beispiele. Spätestens am 24. Februar 2022, als die russischen Streitkräfte ihren Angriff auf die Ukraine starteten, starb die Hoffnung, dass es in Europa nie wieder Krieg geben würde.

Vor dem Hintergrund der demografischen Entwicklung bei uns in Deutschland kommt der Stabilisierung und Fortentwicklung der sozialen Sicherungssysteme eine ganz besondere Bedeutung zu. Das allerdings gilt auch für die Themen Digitalisierung, Erhalt und Ausbau der Infrastruktur, Mobilitätswende und Umstellung der Energieversorgung mit dem Ausstieg aus der Kernenergie und dem wohl in wenigen Jahren vollzogenen Abschied von der Kohleverstromung. Genauer gesagt: durch den *nationalen* Abschied von der friedlichen Nutzung der Kernenergie und der Gewinnung von Strom aus Braun- und Steinkohle – bei anhaltendem Import von Strom aus diesen Energiequellen, denn ohne die freundliche Unterstützung unserer Nachbarn könnte die innerstaatliche Energiewende nicht gelingen. Anders formuliert: Unser Ausstieg aus der Kernenergie und der Kohleverstromung kann – jedenfalls für einen längeren Zeitraum – ohne nachhaltige Schäden für den Standort Deutschland nur dann funktionieren, wenn unsere stromexportierenden Nachbarn *nicht* aussteigen.

Wenn Ende 2022 die drei letzten noch in Betrieb befindlichen deutschen Kernkraftwerke vom Netz gehen, möchte die Bundesregierung die dadurch entstehende Versorgungslücke durch Windkraftanlagen und Solarstrom schließen. Da diese Energiequellen aber nicht grundlastfähig sind – weder weht der Wind 24/7 kontinuierlich, noch scheint Tag und Nacht die Sonne – und da Deutschland aktuell über nur sehr geringe Speicherkapazitäten verfügt, werden wir zukünftig noch mehr als bislang auf den Import von Strom von ausländischen Erzeugern angewiesen sein. Lassen Sie sich bitte, bitte nicht erzählen, von dort käme nur »grüner Strom«! Worin besteht eigentlich der große politische Gewinn, wenn wir bei einem nationalen Ausstieg Kernenergie aus ausländischen Anlagen importieren, die nicht unsere hohen Sicherheitsstandards haben, und aus Kohlekraftwerken ohne die hohen Wirkungsgrade unserer Anlagen?

Aber war deshalb früher, wie häufig kolportiert, alles besser? Nein. Im Gegenteil, vieles war sogar deutlich schlechter als heute, auch wenn uns im Rückblick vieles aus der »guten alten Zeit« positiver erscheint.

Geboren 1952, aufgewachsen und politisch sozialisiert in der Zeit des Kalten Kriegs, habe ich eine noch sehr lebhafte Erinnerung an die sogenannte gute alte Zeit. An die permanente Ost-West-Konfrontation, an die Teilung Deutschlands durch Mauer, Stacheldraht und einen mörderischen Schießbefehl und das beklemmende Gefühl bei jeder Reise aus dem Rheinland nach Berlin (West), jeden Besuch in Berlin (Ost). Einschließlich Zwangsumtausch der Währung West in diejenige der DDR, offiziell Mindestumtausch genannt. An den verpflichtenden Tausch der D-Mark in die Mark der DDR zu einem Kurs, der mit dem realen Wertverhältnis so viel zu tun hatte wie die DDR mit einer Demokratie. Das war der Preis, den Besucher aus einem »nicht sozialistischen Wirtschaftsgebiet« beim Eintritt in die DDR zu zahlen hatten.

Als es bei uns zu Hause in Bergisch Gladbach noch keinen Fernseher gab, wohl aber bei meinen Großeltern im Westerwald, wo wir regelmäßig unsere Sommerferien verbrachten, war jeder Fernsehabend für mich ein kleines Ereignis. Eine kleine Sensation in Schwarz-Weiß. Dabei haben sich zwei Ereignisse tief in meinem Gedächtnis eingeprägt: der Bau der Berliner Mauer am 13. August 1961, mit dem die Teilung der Stadt – nunmehr weltweit deutlich sichtbar – im wahrsten Sinne des Wortes zementiert wurde, und der Prozess gegen den ehemaligen SS-Obersturmbannführer Adolf Eichmann, der sich zwischen dem 11. April und dem 15. Dezember 1961 vor dem Jerusalemer Bezirksgericht für den von ihm organisierten millionenfachen Mord an den europäischen Jüdinnen und Juden verantworten musste. Natürlich kann ein erst neun Jahre alter Junge die politische und historische Dimension derart monströser Verbrechen nicht vollständig erfassen, aber den stummen Schrecken von Eltern und Großeltern bei dem Verarbeiten von Nachrichten und Bildern registriert auch schon ein Kind. Zumal die Schrecken der Nazi-Barbarei und des Zweiten Weltkriegs auch in meiner Familie tiefe Spuren hinterlassen hatten. Meine Mutter Else, heute im 95. Lebensjahr, hatte im Krieg beide Brüder verloren, mein Vater seinen einzigen Bruder. Sein Elternhaus wurde ausgebombt, meine Großeltern mussten aus den Trümmern ihres Hauses mühsam geborgen werden. In meiner Kindheit gab es noch sichtbare Narben des Krieges. In den Fünfzigerjahren haben wir gerne unweit des Elternhauses in einer alten Bunkeranlage gespielt. Vermutlich gerade deshalb, weil man uns das strikt verboten hatte. Mit Kommandos von oben hatte ich offensichtlich schon immer meine Probleme.

Kurz nach der Rückkehr meines Vaters aus der Kriegsgefangenschaft heirateten meine Eltern. Allerdings gegen den ausdrücklichen Willen der Eltern meiner Mutter, für die es unvorstellbar war, dass ihre evangelische Tochter einen katholischen Mann heiraten wollte. Skandal! Konsequenterweise blieben sie der Hochzeit fern, was für meine Mutter mehr als nur schmerzhaft war. So ging dann meine Mutter mehr als 60 Jahre lang mit meinem Vater in den katholischen Gottesdienst und dieser mit Mama in den evangelischen. Ich bin mir absolut sicher: Der liebe Gott wird mit dieser Ehe nie ein Problem gehabt haben. Warum auch? Aber »gute alte Zeit«?

Am 17. Juni 1953 wurde in der DDR der dortige Arbeiteraufstand mit brutaler Gewalt unterdrückt, damit wurden auch die wirtschaftlichen, sozialen und politischen Forderungen der »Werktätigen« niedergeknüppelt. All das in einem angeblichen Arbeiter- und Bauernstaat. Bis zum Fall der Mauer, bis zum

Ende der Teilung Deutschlands, starben nach einer Studie des Forschungsverbundes SED-Staat der FU Berlin an der innerdeutschen Grenze 327 Menschen: Flüchtlinge, Grenzer oder durch Suizid. Die Arbeitsgemeinschaft 13. August ging 2009 von 245 Maueropfern und 38 »natürlichen« Sterbefällen aus. Diese Zahlen sind allesamt umstritten. Unumstritten, jedenfalls objektiv unbestreitbar, dürfte der Terror sein, der vom Unterdrückungsapparat des SED-Regimes gegen seine Kritiker ausgeübt wurde. Namentlich durch das Ministerium für Staatssicherheit (MfS), die Stasi, laut Selbstbezeichnung »Schild und Schwert der Partei«, der SED. Auf die Idee, mit ernstem Gesicht zu behaupten, die DDR sei *kein* Unrechtsstaat gewesen, muss man erst einmal kommen!

Natürlich war auch in der DDR nicht alles schlecht. Die meisten Bürgerinnen und Bürger der DDR hatten mit der SED und der Stasi nichts zu tun. Sie suchten ihr kleines privates Glück, und viele fanden es auch. Man wollte aus einer sehr schwierigen Lage einfach nur das Beste machen. Das konnte auch gelingen, sofern man sich hundertprozentig linientreu verhielt, nicht unangenehm auffiel oder gar mit dem verwegenen Gedanken spielte »rüberzumachen«.

In diesen Jahrzehnten stand die Welt mehr als einmal am Rande eines neuen Weltkriegs. Es würde zu weit führen, hier alle Kriege und Konflikte aufzuführen, die von 1945 bis heute die Welt in Atem hielten. Nur beispielhaft erwähnt seien der Korea-Krieg (1950–1953), der Krieg in Vietnam (1955–1975), der Ungarn-Aufstand (Oktober / November 1956), die Kuba-Krise (Oktober 1962) oder der mit militärischer Gewalt niedergewalzte »Prager Frühling« (Januar bis August 1968).

Dass die Gefahr eines Dritten Weltkriegs ganz real sei, auch und gerade für unseren Kontinent und zwar aufgrund der Politik der NATO, wurde auch von den etwa 500.000 Demonstrantinnen und Demonstranten behauptet, die im Herbst 1983 im Bonner Hofgarten gegen den NATO-Doppelbeschluss protestierten. Damit protestierten sie auch gegen die Politik des damaligen Kanzlers Helmut Kohl (CDU), was einigermaßen kurios war, denn nicht Helmut Kohl war Mitinitiator dieses Beschlusses, sondern sein Amtsvorgänger Helmut Schmidt (SPD). Offensichtlich fällt es vielen gerade in bewegten Zeiten nicht leicht, die politische Orientierung unfallfrei beizubehalten. In dieser Hinsicht hat sich bis heute nicht viel geändert. Es soll ja immer noch Menschen geben, die tatsächlich der Meinung sind, man müsse für den Krieg des russischen Präsidenten Putin gegen die Ukraine ein gewisses Maß an Verständnis aufbringen, er fühle sich halt von der NATO irgendwie bedroht. Allerdings hat Putin selbst den Einmarsch seiner Truppen nicht mit der Politik der NATO begründet, sondern mit einer angeblich notwendigen »Entnazifizierung« der Ukraine, deren staatliche Souveränität er ohnehin für einen historischen Fehler hält.

Auch demoskopisch war die innenpolitische Lage im Herbst 1983 mittelschwer verworren. Die Union und ihr Kanzler hatten den weit überwiegenden Teil der Bevölkerung gegen sich. Die *Hamburger Morgenpost* diagnostizierte damals: »75 Prozent sind gegen neue Raketen!« Die Mehrheit der Medien war es ohnehin. Laut Institut für Demoskopie Allensbach war jedoch zeitgleich etwa die Hälfte der Befragten *für* den NATO-Doppelbeschluss, das Meinungsforschungsinstitut Emnid ermittelte damals ähnliche Werte.

Die Union ließ sich von diesen Befunden nicht beeindrucken und blieb ihrem Kurs treu. Das Ergebnis ist bekannt: Es gab *kein* neues Wettrüsten, die Befürchtungen der Demonstranten und der meisten Kommentatoren in den Medien erwiesen sich rasch als grundlos. Ob sich die Union in ähnlicher Lage heute auch noch so verhalten würde? Da bin ich mir nicht sicher, zumal gerade wütende Proteste aus den sozialen Medien, namentlich via Twitter, von den Medien gerne mit »Dann wollen wir mal sehen, was das Netz darüber denkt!« garniert werden. Dann pickt man sich aus der riesigen Masse von Tweets irgendeinen Text heraus und suggeriert mit dem Begriff »das Netz«, dass das die Meinung der Netzgemeinde und somit repräsentativ für die Haltung der gesamten Bevölkerung sei. 2022 kann irgendein Twitter-Post von wem auch immer mehr Beachtung finden als fünf grundsolide Sachargumente, zumal man diese nicht auf ein kurzes Twitter-Format zusammenstutzen kann. Kurz und knallig findet immer mehr Beachtung als ausführlich und solide. Das wird sich wohl auch nicht mehr ändern lassen.

Wie dem auch sei: Wenn eine Partei von der Richtigkeit einer politischen Entscheidung zutiefst überzeugt ist und sie auch mit guten Sachargumenten überzeugend begründen kann, dann sollte sie auch dabeibleiben und sich nicht von Umfragen irritieren lassen. Deren Ergebnisse hängen ohnehin ganz entscheidend von der jeweiligen Fragestellung ab, und wer den Zeitgeist heiratet, kann sehr schnell Witwe oder Witwer werden.

Der Fridays-for-Future-Bewegung (FFF) darf ich die gute Nachricht überbringen, dass der Schüler Bosbach kein einziges Mal mit dem Auto zur Schule gefahren wurde. Okay, das war weniger ökologisch als finanziell bedingt, denn die Familie hatte damals nur ein einziges Auto, und wenn der Herr Papa damit in aller Herrgottsfrühe zur Arbeit gefahren war, gab es nur noch die Alternativen zu Fuß oder mit dem Fahrrad.

Schulbusse gab es jedenfalls für uns nicht. Und eine Flugreise hat es für mich und meine Eltern in den Sommerferien auch nie gegeben, denn wo hätte der Flieger im Westerwald auch landen können?

In den vergangenen 73 Jahren wurde unser Sozialstaat Stück für Stück ausgebaut. Im Corona-Jahr 2020 floss erstmals mehr als ein Drittel der gesamten nationalen Wirtschaftsleistung in die Sozialetats, insgesamt 1,19 Billionen Euro. Es dürfte kaum ein anderes Land geben, das ein derart dicht geknüpftes Netz der sozialen Sicherheit hat. Und dennoch gibt es viele – zu viele –, die unterhalb der Armutsgrenze leben. Können wir wirklich guten Gewissens sagen, dass die staatlichen Hilfen dort ankommen, wo sie auch ankommen sollen? Zweifel sind angebracht.

Auch die medizinische Versorgung ist heute – ambulant wie stationär – um Klassen besser als in der »guten alten Zeit«, inklusive hochmoderner diagnostischer Verfahren und neuer Medikamente. Wir kritisieren unser Gesundheitssystem gerne, aber wenn wir im Urlaub ernsthaft erkranken, haben wir nur den Wunsch, so rasch wie möglich nach Hause zurückzukehren, in ein Gesundheitssystem, das wir kennen und im Grunde doch schätzen. Bis zur nächsten Kritik.

Obwohl die Verkehrsdichte in Deutschland rasant zugenommen hat, ist die Zahl der Verkehrstoten Gott sei Dank kontinuierlich gesunken. Wohlgemerkt: Jede Tote, jeder Tote ist ein Verkehrsopfer zu viel, aber es ist schon erstaunlich, wie heftig wir negative Entwicklungen beklagen und positive verdrängen.

1970 gab es in der Bundesrepublik noch mehr als 21.000 Verkehrstote, für 2021 schätzt das Statistische Bundesamt deren Zahl auf knapp 2500. Das sind immer noch etwa 7 Verkehrstote pro Tag, plus gut 800 Verletzte im Straßenverkehr, aber die Entwicklung ist doch positiv. Nein, früher war nicht alles besser.

Wer sich mit wachem und kritischem Blick der Ausstattung unserer Bildungseinrichtungen nähert, wird zwar rasch einen erheblichen Erneuerungs- und Modernisierungsbedarf feststellen, vom Thema Digitalisierung ganz zu schweigen. Aber alles schlechter als in den Sechziger- oder Achtzigerjahren?

Ja, in den Zeiten des vielzitierten Wirtschaftswunders waren unsere wirtschaftlichen Wachstumsraten deutlich höher als in letzter Zeit. Sieht man einmal von der ökonomischen Schwächephase 1966/67 oder der Ölkrise 1973 ab. Damals litten wir unter exorbitant hohen Spritpreisen. Preise, von denen wir heute träumen würden – und das wären keine Albträume. Von meinem Geburtsjahr 1952 bis 1960 stiegen die Investitionen um sagenhafte 120 Prozent. Zeitgleich nahm das Bruttosozialprodukt um 80 Prozent zu. Zahlen, von denen wir heute meilenweit entfernt sind. Allerdings galt damals ein starkes Wirtschaftswachstum noch als positiver volkswirtschaftlicher Leistungsnachweis. Heute sieht man Wachstum in weiten Kreisen eher kritisch. Es sei denn, es geht um das Wachstum an sozialen Leistungen oder den Angeboten öffentlicher Daseinsvorsorge – da sollen dem Wachstum natürlich keine Grenzen gesetzt sein, ganz im Gegenteil.

Das starke Wirtschaftswachstum kam damals breiten Schichten der Bevölkerung zugute. Die Einkommen stiegen kontinuierlich an, der Arbeitsplatz galt als relativ sicher, Jahr für Jahr konnte sich der viel zitierte Otto Normalverbraucher etwas mehr leisten. Viele konnten sich endlich den Traum von den eigenen vier Wänden erfüllen, das Auto war nicht mehr unerschwinglich und eine Urlaubsreise ins Ausland nicht länger eine Sensation. Rimini, wir kommen!

Damals schien es so, als gäbe es für alle Zeiten nur noch eine Richtung: aufwärts! Ist das vielleicht der Grund, warum viele beim Blick zurück melancholische Gefühle entwickeln?

Oder liegt es eher daran, dass sich heutzutage so manches Aufstiegsversprechen nicht mehr erfüllt? Dass viele – nicht grundlos – das Gefühl haben, dass die Erträge des Wachstums nicht mehr alle erreichen, die dazu beigetragen haben, sondern sich nur noch bei wenigen anhäufen? Oder daran, dass wir im 21. Jahrhundert in einer Epoche leben, die uns viele sehr komplizierte und komplexe Aufgaben stellt, die wir mit nationalstaatlichen Anstrengungen nicht mehr lösen können? Dass wir heute in einer Gesellschaft leben, in der sich die klassischen Milieus aufzulösen scheinen und in der die Bindungen an diese Milieus bröckeln? In einer ausdifferenzierten Gesellschaft werden an den Staat nicht nur viele, auch ganz unterschiedliche Erwartungen gestellt.

Welche Personen und Institutionen können in diesen Zeiten noch Orientierung und Halt geben? Zu wem hat das Publikum noch Vertrauen? Zur Politik? Ist dieses Vertrauen nicht nur, aber gerade auch vonseiten der Politik nicht zu oft enttäuscht worden? Warum erleiden unsere Parteien gerade jetzt einen solchen Verlust an Vertrauen? Nach dem Standard-Eurobarometer der EU-Kommission hatten im Frühjahr 2021 nur rund 30 Prozent der Bevölkerung in Deutschland Vertrauen in unsere politischen Parteien. Noch geringer war es im Frühjahr 2016, nach dem Höhepunkt der Flüchtlingskrise, damals waren es nur 26 Prozent. Ein trauriger Befund. Parallel zu diesem Vertrauensverlust wird auch das gesellschaftliche Klima rauer.

Ein kurzer Blick in den eigenen E-Mail-Account oder in die sozialen Medien genügt, um festzustellen, dass bei vielen Menschen die mitteleuropäischen Umgangsformen aus der

Mode gekommen sind. Da findet man Vokabeln und Begriffe, die früher selbst in finsteren Kaschemmen auf heftigen Protest gestoßen wären.

Nur eine kleine Kostprobe: »Betreff: Dreckiges und stinkendes Arschloch!! Ich setze mal voraus das Du verschissenes Arschloch weisst das Du nur eine Marionette bist. Ja, einer Drecksau, wie Du es bist, wuerde ich gerne mal in die Fresse haun!! Hoffentlich wenn andere dabei sind. Aber das brauche ich ja nicht selbst zu tun, denn das werde andere tun. Ich kann ja nicht alles Gute haben und andere wollen auch mal ihren Anteil haben! Fuck you!! Wolfgang W. Hartmann / cmat.wolfgang@gmail.com«.

Sechs Wochen später hat sich der Absender Dr. Wolfgang Hartmann, Heidelberg, bei mir großformatig entschuldigt – unter Hinweis auf ein paar Gläser spanischen Rotweins … Ja, ja, der Alkohol. Und glauben Sie jetzt bloß nicht, dass diese Mail besonders unappetitlich war, da gab und gibt es noch viel härtere. Anscheinend glauben viel zu viele, dass man vor allem unter dem Schutz der Anonymität und unter fürsorglicher Abschirmung der jeweiligen Provider mal so richtig die verbale Sau rauslassen kann. Aber: Es ist nur eine Minderheit, bei Weitem nicht die Mehrheit! Aber eine sehr laute, auch nicht ungefährliche Minderheit, weil sie tatsächlich glaubt, ihr Treiben sei – natürlich, wir leben ja in einem Rechtsstaat! – vom Recht auf freie Meinungsäußerung gedeckt und »das wird man ja wohl noch sagen dürfen«.

Dem Bundesverfassungsgericht sei Dank, dass es Ende Januar 2022 in der Causa Renate Künast hier mal ein deutliches Zeichen gesetzt hat. Tenor der Entscheidung: Sowohl das Recht auf freie Meinungsäußerung als auch das Recht auf informationelle Selbstbestimmung beinhalten nicht das Recht, die

Persönlichkeitsrechte des Opfers verbaler Attacken zu suspendieren. Ganz ehrlich: Auf die Idee, dass Formulierungen von Facebook-Nutzern wie »Stück Scheiße«, »altes grünes Dreckschwein« oder »alte perverse Drecksau« strafverfolgungs*frei* gestellt werden müssten, muss man erst einmal kommen!

Und da wir gerade beim Thema Umgangsformen sind: Wie geht es eigentlich jenen Werten, die doch zeitlos gültig sein sollen? Kommen sie langsam, aber sicher in den Zeiten der sprachlichen Verrohung unter die Räder, oder haben wir in Wahrheit keinen Werteverlust, sondern nur einen Wertewandel? Ist all das, was heute als modern gepriesen wird, wirklich besser als das Traditionelle, oder einfach nur anders? Oder doch ein Fortschritt, aber in eine eher fragwürdige Richtung? Was wäre eigentlich so schwer daran, wenn wir uns auf folgende These verständigen könnten: Wer eine andere Meinung hat als ich, ist nicht mein Feind – er hat nur eine andere Meinung!

Während ich die letzten Zeilen dieses Buches schreibe, bin ich exakt 50 Jahre Mitglied »meiner« Partei, der CDU Deutschlands. Die familiäre Prägung war ganz gewiss ein wichtiger Grund dafür, warum ich mich mitten im Bundestagswahlkampf 1972 entschieden habe, politisch aktiv zu werden, und warum für mich immer nur die CDU als Partei infrage kam. Ich bin aus Überzeugung Mitglied geworden. Die CDU war immer »meine« Partei, und das wird sie auch bleiben, obwohl ich mehr als einmal ein dickes Fragezeichen hinter Entscheidungen der Partei gesetzt habe. Auch wenn ich kein öffentliches Amt mehr anstrebe, bin ich nach wie vor politisch aktiv. Tag für Tag und bundesweit.

Ich liebe mein Land, sehe aber vieles kritisch. Kritischer als noch vor Jahren. Ich bin der festen Überzeugung, dass es der Politik guttun würde, mehr und aufmerksamer zuzuhören, was die Menschen bewegt. Nicht, um allen nach dem Mund zu reden, sondern um die Hoffnungen und Erwartungen unserer Bürgerinnen und Bürger enger mit der eigenen politischen Agenda zu verzahnen.

In meiner Zeit als Abgeordneter des Deutschen Bundestages von 1994 bis 2017 haben mich jedes Jahr viele Tausend Zuschriften erreicht. In der Spitze fast 10.000 pro Jahr. Mal kurz und prägnant, mal als Päckchen, so schwer war der Inhalt. Diese Post zu lesen, zumindest querzulesen und zu reagieren, wenn auch nur kurz, war ein wichtiger Teil meiner Arbeit. Völlig unspektakulär, unter Ausschluss der Öffentlichkeit, aber enorm wichtig. Auch weil sich viele Absenderinnen und Absender mit dem Inhalt ersichtlich viel Mühe gegeben hatten: ausführlich, präzise, fundiert.

Ich war mehr als einmal richtig gerührt. Bevor diese Rührung allerdings überhandnahm, kamen – natürlich anonyme – Zuschriften mit Vokabeln à la »Drecksau«, »Rassist« und immer wieder »Nazi«. Darüber konnte ich mich eigentlich nicht wundern, denn wer heutzutage nicht dezidiert linke Positionen vertritt, insbesondere beim Komplex Migration & Integration, gerät ruckzuck unter Nazi-Verdacht. Geschenkt.

Heute, fünf Jahre nach meinem parlamentarischen Abschied, ist der Posteingang zwar deutlich geringer geworden, aber fünf bis zehn Zuschriften am Tag sind es immer noch. Einige noch adressiert an W. B. MdB, mit ganz unterschiedlichen Anliegen und Anfragen. Allerdings ist der Tenor der Zuschriften oft sehr ähnlich.

Nur ein einziges Beispiel: Am 1. Februar 2022 schrieb Andreas N.: »Ich fühle mich von der Politik und den Regierenden im Stich gelassen. (…) Wo ist meine CDU von früher hin? (…)

Politiker bereichern sich an Corona-Masken, Milliarden Steuergelder werden vergeudet und nichts passiert. Ich war früher SPD-Wähler, danach CDU. Einmal habe ich aus Protest AfD gewählt, damit es nicht noch weiter links und grün wird. (…) Ich bin 53 Jahre alt, habe drei Kinder, bin geschieden und arbeitslos. Mit der E-Mobilität macht man eine ganze Industrie kaputt. (…) Ich wurde im Juni 2021 gegen Corona geimpft. Fünf Monate später habe ich mich dennoch infiziert. Plötzlich entscheidet die Politik, dass ich nach drei Monaten als ungeimpft gelte. (…) Ich habe Angst um die Zukunft meiner Kinder.«

Wer jetzt denkt: »Moment, der hat mal die AfD gewählt, also ein Nazi!« oder »viel zu oberflächlich, nicht differenziert genug«, der bestätigt alle Vorurteile, die es gegenüber der Politik gibt. Wenn Absenderinnen und Absender das Gefühl bekommen, eigentlich ist es egal, ob ich denen da oben den Marsch blase oder nicht – die machen ja doch, was sie wollen –, dann darf man sich über einen Mangel an Vertrauen nicht wundern.

Halten wir einmal für die vielen Andreas N., die es gibt, die Hand an den politischen und gesellschaftlichen Puls unseres Landes. Meines Heimatlandes, in dem ich von Herzen gerne lebe. Nein, ich bin kein Weltenbummler, ich bin gerne zu Hause.

Ja, ich weiß, dass es nicht wenige gibt, die den Begriff »Heimat« für altmodisch und überholt halten. Er ist vielen nicht ganz geheuer. Mir jedoch gefällt er! Für mich steht er symbolisch für Familie & Freunde, Geborgenheit & Glück, Erinnerung & Zukunft. Für mich gilt: Lieber aufrecht stehen und geradeaus gehen, auch auf die Gefahr hin, kritisiert zu werden, als gebückt im Zickzack laufen in der Hoffnung, von Kritik verschont zu bleiben. In der Erwartung, es jedem recht machen zu können, was ohnehin nicht gelingen kann. In der Politik ist das ein Fall der objektiven Unmöglichkeit. Unterschiedliche Meinungen, Hoffnungen und Erwartungen sind in einer pluralen Gesellschaft nichts Besonderes, sie sind die Regel!

Aber von der Politik nicht enttäuscht werden, auf die Übereinstimmung von Wort und Tat vertrauen können – das wollen wir alle in gleicher Weise.

Denken Sie wie Cato?

—

Wenn der Wind der Veränderung weht, bauen die einen Mauern und die anderen Windmühlen.

Chinesisches Sprichwort

Marcus Porcius Cato Censorius, kurz Cato der Ältere, geboren 234 v. Chr. in Tusculum, gestorben 149 v. Chr. in Rom, war im Laufe seines sehr wechselvollen Lebens römischer Feldherr, Staatsmann und Schriftsteller. Außerdem hatte er Ämter als Konsul, Zensor und Statthalter von Sardinien inne. Nicht weniger als 44-mal wurde er mit politischen Prozessen überzogen, die allesamt mit einem Freispruch endeten. Kurzum: Der Mann war gut beschäftigt und hat mit Sicherheit Tag für Tag jede Menge Überstunden absolviert.

Dennoch fand er immer wieder Zeit und Gelegenheit, seinen Gedanken in interessanten Aphorismen, politischen Forderungen oder allgemeingültigen Lebensweisheiten Ausdruck zu verleihen. Sein bekanntester Ausspruch dürfte sein: »Ceterum censeo Carthaginem esse delendam!« (Im Übrigen bin ich der Meinung, dass Karthago zerstört werden muss.)

Mit dieser Forderung soll Cato jede seiner Reden im Senat von Rom beendet haben. Historisch gesichert ist das aber nicht.

Wie dem auch sei, ebendieser Cato soll vor mehr als 2000 Jahren auch geäußert haben: »Ignotum tibi tu noli preponere« (Bevorzuge nicht dir Unbekanntes vor Bekanntem). Wer dem diesen Satz zugrunde liegenden Gedanken folgt, erinnert sich vielleicht an eine berühmte Waschmittelwerbung aus den Siebzigerjahren des vergangenen Jahrhunderts: »Da weiß man, was man hat!« Oder aber an Wahlkämpfe vergangener Epochen. Vor allem an den Bundestagswahlkampf des Jahres 1957, bei dem die Union zum ersten Mal – allerdings auch letztmalig – im Bund die absolute Mehrheit errang. Geworben hat die Union damals mit dem Konterfei des populären Kanzlers Konrad Adenauer in Kombination mit einem ebenso knackigen wie einprägsamen Appell an alle Wählerinnen und Wähler: »Keine Experimente!« Glaubt man Zeitzeugen, so soll Konrad Adenauer höchstselbst diesen Slogan gebilligt haben, und zwar mit einer für ihn typischen Diktion: »Wenn die Reklamefritzen dat meinen, dann machen wa dat so!« Sollte dieses Zitat jedoch nicht wahr sein, so ist es auf jeden Fall mit viel Fantasie erfunden worden. Hätte ja so gewesen sein können.

So oder so, sicher ist, dass dieser Spruch keine Erfindung bundesrepublikanischer »Reklamefritzen« der Fünfzigerjahre war, denn er wurde bereits 1932 von der Deutschen Zentrumspartei propagiert. Dieser Wahlkampfslogan war einfach, kurz und einprägsam, was man von dem Satz »Für ein Deutschland, in dem wir gut und gerne leben« (CDU, 2017) wirklich nicht behaupten kann.

Ob Cato, Persil, Konrad Adenauer oder Angela Merkels »Sie kennen mich!« – der dahinterstehende Gedanke ist immer der gleiche: Es mag ja sein, dass Sie mit dem, was Sie schon lange kennen, nicht zu 100 Prozent zufrieden sind und sich zumindest ab und zu eine Veränderung wünschen, aber woher wollen Sie wissen, dass das Neue tatsächlich besser ist als das Bekannte und Ihnen Vertraute? Vielleicht sind Sie nach einem Wechsel schon bald maßlos enttäuscht und sehnen sich nach den früheren Verhältnissen zurück? Bleiben Sie besser bei dem, was Sie kennen!

So, oder so ähnlich, dürften auch viele Stammwählerinnen und Stammwähler der Parteien denken. Diese Traditionsbataillone halten in Treue fest zu »ihrer« Partei in guten wie in schlechten Zeiten. So wie echte Fußballfans, für die es nur einen einzigen Verein gibt, egal in welcher Liga er gerade spielt. Und diese Treue zur Partei hält selbst dann an, wenn echte oder angebliche Skandale und Skandälchen die Liebe etwas erkalten lässt. Wenn die sozialdemokratische Stammwählerschaft ihre Zuneigung zur SPD damit begründet, dass schon Groß- und Urgroßeltern diese Partei gewählt hätten, dann kann die politische Konkurrenz dort kiloweise Papier und Kugelschreiber deponieren, sie wird damit alleine keinen Erfolg haben. Ein über Generationen hinweg tradiertes Wahlverhalten wird sich nur schwer ändern lassen.

Aber: Diese Traditionsbataillone, die mit ihren Parteien durch dick und dünn gehen, werden immer kleiner. Die Bereitschaft, die Parteipräferenz zu wechseln, mal diese, mal jene Partei zu wählen, wird kontinuierlich größer. Wahlentscheidungen werden immer kurzfristiger getroffen, nicht selten erst beim Gang in die Wahlkabine. Das ist für Parteien Risiko und Chance zugleich. Ein Risiko, weil selbst sehr gute Ergebnisse der letzten Wahlen kein sicheres Fundament für den nächsten Urnengang sein müssen. Aber auch eine Chance, weil eine vorherige Wahlschlappe keine negative Vorentscheidung für den nächsten Wahlkampf bedeuten muss.

Neben dieser traditionellen Bindung an eine Partei, die in den alten Ländern der Bundesrepublik der Natur der Sache nach ausgeprägter ist als in den fünf neuen Ländern, gibt es natürlich viele weitere Entscheidungskriterien mit jeweils unterschiedlicher Gewichtung. Natürlich sind wir selber immer der Meinung, dass wir uns ganz rational verhalten und entscheiden. Aber – jetzt bitte einmal Hand aufs Herz – wer von uns hat sich schon einmal im Vorfeld einer Wahl die Programme *aller* Parteien besorgt, sie gründlich gelesen und ausgewertet, um dann anhand ausschließlich sachpolitischer Erwägungen eine Entscheidung zu treffen?

Sie? Echt jetzt? Dann gehören Sie einer kleinen, sehr exklusiven Minderheit an oder sind Politikwissenschaftler, arbeiten bei einer Bundes- oder Landeszentrale für politische Bildung oder sind für den Wahl-O-Mat verantwortlich. Und selbst diese grandiose Erfindung kann allenfalls dabei helfen, signifikante politisch-inhaltliche Differenzen zwischen den Parteien herauszufiltern und die Meinung der Nutzerinnen und Nutzer mit dem politischen Profil der Parteien bei den verschiedenen Sachthemen abzugleichen. Denn selbst wenn die Übereinstimmung mit dem Profil einer bestimmten Partei besonders hoch sein sollte, wäre das nur in sehr seltenen Fällen ein Präjudiz für das tatsächliche Wahlverhalten. Dies auch deshalb, weil nicht wenige erschrecken, welche Ergebnisse der Wahl-O-Mat am Ende zutage fördert …

Viele Wählerinnen und Wähler haben eine Art Grundsympathie für diese oder jene Partei, zumindest für eine bestimmte politische Richtung. Oder aber eine Abneigung aufgrund umgekehrter Vorzeichen. Und das, was für die Parteien gilt, gilt analog für ihre politischen Repräsentanten. Für diejenigen, die ihren Parteien – im wahrsten Sinne des Wortes – ein Gesicht geben. Politik vermittelt sich eben nicht nur durch sachpolitische Positionierungen und Entscheidungen, sondern auch und nicht zuletzt durch charismatische Persönlichkeiten. Der Bundestagswahlkampf 1972 wird eher mit dem Namen »Willy« (Brandt) im kollektiven Gedächtnis verankert bleiben als mit dessen Partei, der SPD. Es war und bleibt die »Willy-Wahl«.

Oft werden Wahlentscheidungen auch von aktuellen Ereignissen beeinflusst. Insbesondere wenn sie sich ganz unmittelbar vor dem Wahltermin ereignen. Oder aber vom Wahlverhalten der Familie, im Freundes- und Bekanntenkreis, vom persönlichen Umfeld, in dem man sich bewegt, das einem wichtig und vertraut ist.

Die Parteien wiederum neigen dazu, in Reden und Broschüren ihre politischen Erfolge und Leistungen der vergangenen Jahre zu bilanzieren, gerade so, als müsse das doch von den Wählerinnen und Wählern gesehen, bestaunt und mit einem Kreuz auf dem Stimmzettel belohnt werden. Ich habe allerdings noch nie daran geglaubt, dass das ein Erfolgsrezept sein könnte. Denn: Was bereits geschehen *ist*, was von der Programmatik schon in praktische Politik umgesetzt wurde, ist in den Gedanken des Publikums längst als erledigt abgehakt und wird daher in die Rubrik »Selbstverständlichkeiten« einsortiert. Allenfalls ergänzt durch die Frage, warum das alles nicht schon viel früher geschehen ist.

Die Wählerinnen und Wähler schauen nicht in den Rückspiegel, sie schauen nach vorne. Sie wollen genau wissen, was kommt, was sie erwartet, worauf sie sich einstellen müssen. Sie haben eigene Hoffnungen und Erwartungen – private, berufliche, gesellschaftliche – an die Zukunft und gleichen diese mit den verschiedenen politischen Angeboten der Parteien ab. Welche Partei kommt meinen Erwartungen an die Zukunft am nächsten?

Entscheidend aber dürfte das persönliche Vertrauen sein, das man den Parteien und ihren Repräsentanten entgegenbringt – oder eben nicht. Was nutzen wohlformulierte Wahlversprechen, wenn das Publikum nicht darauf vertraut, dass diesen Worten auch Taten folgen? Was nutzen großformatige Hochglanzfotos der Kandidatinnen und Kandidaten in den Medien oder an Litfaßsäulen und in Parteibroschüren, wenn die potenziellen Wählerinnen und Wähler ihnen nicht über den Weg trauen? Wenn man von ihr oder ihm auf keinen Fall einen Gebrauchtwagen kaufen würde?

Nicht wenige Zuschriften an mich waren und sind immer noch adressiert an »Dr. Wolfgang Bosbach«. Meine Standardantwort auf diese Anrede: »Herzlichen Dank, dass ich wenigstens bei Ihnen promovieren durfte, in der akademischen Wirklichkeit war mir das leider nicht vergönnt. Ich habe nicht nur keinen Dr.-Titel – ich *hatte* auch noch nie einen!« Leider muss das seit einigen Jahren immer betont werden. Nicht dass die Absender noch auf falsche Gedanken kommen!

Bei der Aberkennung des akademischen Titels »Dr.« geht es ja für das politische Personal nicht nur darum, dass die akademisch geadelten Gedanken und Ausführungen nicht die eigenen waren, sondern von fremden Koryphäen – vornehm formuliert – »entliehen« wurden. Dummerweise ohne dies in den entsprechenden Textstellen hinreichend zu kennzeichnen. Auch hier spielt das Stichwort Vertrauen die entscheidende Rolle. Wenn er oder sie in einer Dissertation »geschummelt« haben, kann ich ihm/ihr dann überhaupt noch trauen? Wo wird wohl sonst noch geschummelt? Was kann ich guten Gewissens glauben – und was nicht?

Nicht selten ist mit der Aberkennung oder schon mit berechtigten Zweifeln am redlichen Erwerb des Doktortitels ein zumindest einstweiliges Ende der politischen Karriere verbunden. Es sei denn, man heißt Franziska Giffey, gehört der SPD an und war Bundesministerin für Familie, Frauen, Senioren und Jugend. Dann kann man noch problemlos Regierende Bürgermeisterin von Berlin werden. Und mit treuem Augenaufschlag sagen, die FU Berlin habe nur eine Rüge erteilt, nicht aber den Doktortitel entzogen. Na ja.

Die Glaubwürdigkeit des politischen Führungspersonals und die Glaubhaftigkeit seiner politischen Aussagen, seine persönliche und politische Integrität sind untrennbar miteinander verbunden. Wie könnte jemand längerfristigen politischen Erfolg haben, wenn es genau daran fehlt? In den vergangenen Jahren ist aus ganz unterschiedlichen Gründen viel Vertrauen in die politische Klasse verloren gegangen. Wahrscheinlich haben auch Sie sich schon mehr als nur einmal gefragt: »Was kann ich denen da oben eigentlich noch glauben?«

Woran liegt das, und was können wir dagegen tun?

Sie kennen mich!

—

Den guten Steuermann lernt man erst im Sturm kennen, den guten Soldaten erst in der Schlacht.

Seneca

Bundestagswahlkampf 2013. Bevor die Wählerinnen und Wähler am 22. September zu den Wahlurnen gerufen wurden, um den 18. Deutschen Bundestag zu wählen, gab es natürlich auch damals die seit Jahren bekannten Wahlkampfrituale, inklusive der berühmten TV-Duelle der Spitzenkandidaten. Diesmal war Peer Steinbrück der sozialdemokratische Herausforderer der damals noch amtierenden Kanzlerin Angela Merkel. Und also auch ihr Kontrahent im TV-Duell.

Das Ergebnis der Wahl ist bekannt, und der Vergleich mit dem Ergebnis des späteren SPD-Kanzlerkandidaten Olaf Scholz bei seiner Kandidatur 2021 zeigt, wie kurios die Politik gelegentlich sein kann: Mit Peer Steinbrück an der Spitze erhielten die Sozialdemokraten damals überaus magere 25,7 Prozent. Eine herbe Klatsche für diese stolze Partei, ein Debakel, und damit war dann auch die Karriere von Peer Steinbrück beendet.

Die Union erzielte damals 41,5 Prozent und damit ein Ergebnis, von dem sie aktuell nur träumen kann.

Die Wahl 2021 verlief für die SPD ganz anders! Mit Olaf Scholz an der Spitze erzielte die SPD sagenhafte 25,7 Prozent. Ein großartiges Resultat, das selbst kühnste Erwartungen übertraf, und schon war für Scholz der Weg ins Kanzleramt geebnet.

Woran lag es, dass die Union 2013 derart klar siegte? Daran, dass viele Menschen nicht zu Unrecht das Gefühl hatten, dass sich die Große Koalition in den Zeiten der Wirtschafts- und Finanzkrise 2008/09 im Großen und Ganzen gut geschlagen hatte? Dass Deutschland die globalen Schockwellen der Krise besser abgefedert hatte als viele andere Industriestaaten, die ebenfalls massiv betroffen waren? Dass sich die spätere Flüchtlingskrise noch nicht einmal in Umrissen abzeichnete? Oder doch an dem berühmt-berüchtigten »Stinkefinger«, den Peer Steinbrück kurz vor dem Wahltag im Magazin der *Süddeutschen Zeitung* dem erstaunten Publikum gezeigt hatte? Da war selbst sein Parteifreund Sigmar Gabriel, obwohl auch er gelegentlich rustikal-jovialen Auftritten nicht ganz abgeneigt ist, zumindest mittelschwer irritiert. Vornehm ausgedrückt. Ganz ehrlich: Auf *diese* Idee muss man erst einmal kommen.

»Beinfreiheit« hatte sich Peer Steinbrück von seiner Partei für den Wahlkampf erbeten. Dass er damit auch »Mittelfingerfreiheit« gemeint hatte, konnten die Genossen wohl nicht ahnen.

Der alles entscheidende Grund für das gute Ergebnis der Union? Ganz sicher weiß auch ich es nicht. Aber ich bin mir sehr sicher, dass drei unspektakulär daherkommende Wörter von Angela Merkel viele Wählerinnen und Wähler zugunsten der Union beeinflusst haben: »Sie kennen mich!«

Gesprochen in ihrem Schlussstatement mit Blick in die Kamera und ganz unmittelbar adressiert an die vielen Millionen vor den Bildschirmen.

Mit »Sie kennen mich!« meinte Angela Merkel ganz bestimmt nicht ihren schon damals überragend hohen Bekanntheitsgrad, der nach acht Jahren Kanzlerschaft schon bei knapp 100 Prozent lag. Gemeint war: »Sie kennen mich als Person. Meine Arbeit, meine Haltung zu vielen Fragen. Meine zuverlässige und unaufgeregte Art zu regieren und mein bodenständiges, bescheidenes, unprätentiöses Auftreten, das nicht gekünstelt, sondern ganz natürlich ist.«

Und natürlich meinte sie auch: »Bei mir wissen Sie auch, wo Sie dran sind, politisch und persönlich. Ich bin berechenbar. Sie wollen mich doch nicht gegen einen Hallodri wie Peer Steinbrück eintauschen!« Hat sie selbstverständlich nicht gesagt, aber gemeint. Was sie natürlich nie zugeben würde.

In diesem Moment hatte Angela Merkel ganz bewusst die politisch-inhaltliche Ebene, die eher technokratische, verlassen und dem Publikum auf eine ebenso subtile wie eindrucksvolle Weise zu verstehen gegeben: Nur *mir* können Sie vertrauen!

Natürlich erwarten wir von denen, die öffentliche Ämter innehaben und öffentliche Verantwortung tragen, in erster Linie Sachkompetenz und ein hinreichendes Maß an Erfahrung. Wir möchten, dass sie ihre Aufgaben bestmöglich erfüllen und den an sie gestellten Anforderungen gerecht werden. Aber wir erwarten auch, dass wir »denen da oben« vertrauen können. Dass sie das Vertrauen, das wir ihnen bei Wahlen entgegenbringen, permanent rechtfertigen, rund um die Uhr.

»Hör auf mich, glaube mir, Augen zu, vertraue mir!«, säuselt die Schlange Kaa im Disney-Klassiker-Film *Das Dschungelbuch*, und wie wir alle wissen, war diese Schlange trotz aller Flötentöne in Wahrheit ein heimtückisches Biest. Echt fies. Gut, dass der Bär Balu den tapferen Mogli vor ihr retten konnte!

Da es im richtigen Leben jedoch nur selten Braunbären gibt, die uns vor üblen Gestalten mit finsteren Absichten retten, wollen wir alle nicht »blind vertrauen«, sondern zumindest die berechtigte Hoffnung haben, dass der Vertrauensvorschuss, den wir mit unserem Kreuz in der Wahlkabine vergeben haben, tatsächlich gerechtfertigt war. Mit dem Vertrauenskapital ist es in der Politik nicht viel anders als im beruflichen und privaten Leben. Es kann sehr lange dauern, bis einem das Vertrauen entgegengebracht wird, das man gerne haben möchte. Es kann allerdings blitzschnell gehen, dieses Vertrauen zu verlieren. Eine fatale Fehlentscheidung oder auch nur ein falsches Wort, eine zweideutige Geste – und schon ist es passiert. Es kann dann viele Jahre dauern, bis man das Kapital an Vertrauen wieder aufgebaut hat, das zuvor in einem einzigen Augenblick verspielt wurde.

Es gibt auch Situationen, in denen man in kurzer Zeit sowohl Vertrauen verliert als auch an anderer Stelle neu erwirbt. Angela Merkel musste das in der Flüchtlingskrise 2015/16 erleben. Große Zustimmung für die Grenzöffnung im September 2015. Die Medien haben diesen Schritt, jedenfalls weit überwiegend, als mutige humanitäre Geste gelobt, die Bevölkerung war tief gespalten. Hier gab es nicht nur Zustimmung, sondern auch wütende Proteste und völliges Unverständnis für den monatelangen, unübersehbaren Kontrollverlust an den Grenzen.

Unvergessen ist mir in diesem Zusammenhang ein Neujahrsempfang der örtlichen CDU in Köln-Porz. Schon die erste Wortmeldung nach meiner Rede hatte es in sich: heftige Kritik an der Flüchtlingspolitik der Kanzlerin, totales Unverständnis für die Folgen des dadurch ausgelösten Kontrollverlusts – die »Kölner Silvesternacht« des Jahreswechsels 2015/16 galt dafür als ein Beispiel unter vielen.

Die unmittelbar darauf folgende Wortmeldung kam von einer jungen Frau, die erst vor Kurzem in die CDU eingetreten war. »Das alles kann ich überhaupt nicht verstehen, denn ich bin *wegen* der Flüchtlingspolitik von Frau Merkel in die CDU eingetreten!« Beifall des Publikums gab es übrigens für *beide* Wortmeldungen. Auch das gehört zum Wesen einer Volkspartei.

Die AfD befand sich damals in einem eher traurigen Zustand. Nachdem die Herren Lucke und Henkel die AfD eigentlich als bürgerlich-konservative Kraft im Parteiensystem etablieren wollten, mussten sie miterleben, wie sich dort immer mehr Kräfte entfalteten, die eher rechtsextremistisch-nationalistisch dachten. Lucke und Henkel nahmen Reißaus und waren heilfroh, mit dieser Truppe nichts mehr zu tun zu haben. Anders formuliert: Die Wirte Lucke und Henkel eröffneten ein Lokal in der Hoffnung, dort ein eher bürgerliches Publikum zu bewirten, das jedoch nach gründlichem Studium der Speisekarte lieber dort verweilte, wo man schon immer zu Hause war. Und so mussten sie erleben, dass sich an ihrer Theke immer mehr Gäste in Springerstiefeln breitmachten, bis sie die Wirte so mürbe gemacht hatten, dass sie das ganze Lokal übernehmen konnten.

Alexander Gauland, der Vordenker der AfD, beschrieb zu dieser Zeit seine geliebte AfD als »gärigen Haufen« – eine freundliche Umschreibung der Metamorphose der AfD von einer bürgerlichen zu einer rechtsradikalen Kraft. Eine Partei, die wegen ihrer mehr als nur fragwürdigen Haltung zu den tragenden Prinzipien unserer freiheitlich-demokratischen

Ordnung schon bald der fürsorglichen »Betreuung« durch den Verfassungsschutz bedurfte. Anfang März 2022 entschied das Verwaltungsgericht Köln, dass die Klage der AfD gegen den Beschluss des Bundesamtes für Verfassungsschutz, sie als Verdachtsfall einzuordnen und zu beobachten, abgewiesen wurde. Ab diesem Zeitpunkt konnte man in feinstem Juristendeutsch schwarz auf weiß nachlesen, dass und warum aus der AfD im Laufe der Zeit vieles geworden war, aber nicht etwas, das als bürgerlich oder konservativ bezeichnet werden könnte.

Die Gründung der AfD hätte man vermutlich nicht verhindern können, aber deren Aufschwung hätten die anderen Parteien unbedingt verhindern müssen. Alternativlos war der Aufstieg der AfD zu einer relevanten Kraft im politisch-parlamentarischen System der Bundesrepublik jedenfalls nicht.

Zurück zu Angela Merkel und ihren sozialdemokratischen Herausforderern. Sie kandidierte nacheinander gegen Gerhard Schröder – der nach einer legendären TV-Elefantenrunde am Wahlabend 2005, bei der er, vornehm ausgedrückt, »gut drauf« war –, gegen den heutigen Bundespräsidenten Frank-Walter Steinmeier, Peer Steinbrück und schlussendlich gegen Martin Schulz. Aus dem Amt der Kanzlerin heraus hat Angela Merkel nie eine Wahl verloren. Weil ihr die Wählerinnen und Wähler ein hohes Maß an persönlichem und politischem Vertrauen entgegenbrachten.

In den letzten Monaten vor ihrem Ausscheiden aus dem Amt wurde sie häufig gefragt, ob und gegebenenfalls welche Aufgaben sie zukünftig übernehmen wolle. Nicht ein einziges Mal wurde sie auch nur andeutungsweise gefragt, ob sie sich vielleicht – wie ihr Vorgänger Gerhard Schröder – gegen gute Bezahlung in die Dienste eines ausländischen Konzerns begeben würde. Diese Enthaltsamkeit wurde selbst von ihren größten Kritikern geübt, denn selbst die wussten: Eine Angela Merkel würde *das* niemals tun. Denn: Wir kennen sie ja!

Vielleicht werden Sie in der Aufzählung aller SPD-Kontrahenten von Angela Merkel den Namen Sigmar Gabriel vermissen. Das wäre verständlich, ich selber war aber immer heilfroh, dass seine Partei ihn bislang übersehen hatte. Ich hatte richtigen Bammel, dass die SPD ihn eines Tages als Kanzlerkandidaten nominieren würde. Das wäre für die Union ein ganz schwerer Wahlkampf geworden.

Von wegen »Siggi Pop«! So lautete tatsächlich sein innerparteilicher Spitzname, als er noch Sprecher der SPD für »Popkultur und Popdiskurs« war. »Iggy Pop« ließ phonetisch schön grüßen. Auf diese Idee muss man erst einmal kommen!

Sigmar Gabriel ist allerdings in Wahrheit alles andere als ein politischer Poltergeist. In vielen Politikbereichen hat er eine große Erfahrung, ist historisch interessiert und bewandert, kann auch differenziert argumentieren. Er operiert allerdings nicht immer mit der ganz feinen Klinge, je nach Bedarf greift er auch schon mal zum schweren Säbel. Vor allem aber: Er ist einer der letzten Vertreter jener Generation von Sozialdemokraten, für die das Arbeitermilieu nicht *terra incognita* ist. Der noch ein Gespür dafür hat, was diejenigen von der Politik erwarten, die »RTL 2 gucken, Schnitzel essen und Bier trinken«, wie es Gabriel formuliert, und das ist gewiss nicht despektierlich gemeint. Vielleicht ist es gerade das, was die Generation Kevin Kühnert so ganz und gar nicht verstehen kann. Ein Milieu, wo nicht »woke«, sondern »work« angesagt ist? Dass Kühnert und Co. schwer irritiert sind, mag aus deren Sicht verständlich sein – denn welchen Kontakt hatte der aktuelle Generalsekretär der SPD jemals zu diesem Milieu, außer vielleicht bei Betriebsbesichtigungen? Das ist keine persönliche Kritik an Kühnert, sondern an all jenen Beteiligten des politischen Betriebs, die zwar die Stimmen der »Werktätigen« haben möchten, aber im Grunde mit ihrem Lebensstil nicht viel anfangen können.

Im Frühjahr 2022 war ich mit dem sächsischen Ministerpräsidenten Michael Kretschmer zu Besuch in einer großen Gießerei in Lößnitz im Erzgebirge. Die Firmenleitung bangte wegen stetig steigender Energie- und Rohstoffpreise um die wirtschaftliche Existenz des Unternehmens, denn die enormen Preissteigerungen können allenfalls zu einem sehr kleinen Teil an die Kunden weitergegeben werden. In den Fabrikhallen sahen wir hart arbeitende Frauen und Männer in ihren schweren Schutzanzügen. Wir ließen uns jeden Arbeitsgang erklären und sprachen mit Facharbeitern mit schwieligen Händen und von der Arbeit geschwärzten Gesichtern. Sie bangten um die Zukunft des Betriebes und um ihre Arbeitsplätze.

Es ist nämlich ein himmelweiter Unterschied, ob man in der gepflegten Atmosphäre gut geheizter TV-Studios entspannt erklärt, dass »wir« wegen eines vor dem Hintergrund des Ukraine-Kriegs notwendigen Boykotts von Energielieferungen aus Russland »den Gürtel enger schnallen müssen«, oder ob man Menschen gegenübersteht, die es dann – im Gegensatz zu denen, die das fordern – tatsächlich tun müssten bis hin zur Bedrohung der eigenen wirtschaftlichen Existenz. Bei denen der Gürtel nicht enger geschnallt werden kann, weil er schon an der engsten Stelle sitzt! Wer nicht persönlich existenziell oder allenfalls marginal betroffen ist, kann leicht wohlfeile Enthaltsamkeitsforderungen formulieren.

Nur 1,6 Prozent

> Mir scheint, wir haben alle eine natürliche Neigung zum Zusammenschluss, zum Parteigeist. Wir suchen darin eine Stütze für die eigene Schwäche.
>
> *Voltaire*

Da Sie sich für dieses Buch entschieden haben, darf wohl mit Recht angenommen werden, dass Sie sich intensiv für Politik interessieren. Sollten Sie dieses Buch jedoch geschenkt bekommen haben, dann gewiss deshalb, weil man davon ausgeht, dass Ihnen Politik wichtig ist. Vielleicht soll aber auch Ihr Interesse an politischen Ereignissen und Entwicklungen erst einmal geweckt werden – möglicherweise sogar mit Erfolg! In diesem Fall haben Sie es immerhin nicht sofort weiterverschenkt oder ungelesen in den Schrank gestellt, sondern bis hierhin tapfer durchgehalten. Danke dafür.

2021 ermittelte die Allensbacher Markt- und Werbeträgeranalyse, dass sich in Deutschland knapp die Hälfte der Bevölkerung für Politik interessiert, allerdings immerhin noch 17,4 Prozent »ganz besonders«. Diese Werte schwanken von

Jahr zu Jahr, je nach der politischen Großwetterlage. Bei ganz besonderen, epochalen Ereignissen steigen sie an, bei einer eher unaufgeregten politischen Lage fallen sie wieder. Das ist keine Überraschung. Das Interesse an Politik ist zwar nicht so stark ausgeprägt wie das am Thema »Gartenarbeit« (bei mir ist es eher umgekehrt, wie Sie sich leicht vorstellen können), die man in hiesigen Breiten besonders schätzt, aber doch relativ hoch.

Aus diesen Zahlen könnte man schließen, dass es deshalb auch ein reges Interesse an der aktiven Mitarbeit – zumindest aber an der passiven Mitgliedschaft – in den verschiedenen politischen Parteien gäbe. Doch weit gefehlt! In Deutschland sind nur etwa 1,6 Prozent der Bevölkerung Mitglied in einer politischen Partei. Damit kein Missverständnis entsteht: Natürlich kann man sich auch ohne formelle Mitgliedschaft in einer Partei politisch engagieren, bevorzugt im viel zitierten »vorpolitischen Raum«. Damit ist bekanntlich nicht der Eingangsbereich eines Parlamentsgebäudes gemeint, sondern werden die vielfältigen Möglichkeiten des politischen Wirkens außerhalb formalisierter Parteistrukturen und -hierarchien bezeichnet: in Vereinen und Verbänden, Bürgerinitiativen, Gewerkschaften, berufsständischen Organisationen und unzähligen anderen Formen des bürgerschaftlichen Engagements.

Millionen Menschen engagieren sich ganz gezielt gerade dort, weil sie das Gefühl haben, dass in diesen Strukturen ganz praktische, nach außen sichtbare, erfolgreiche Arbeit geleistet wird. Und dieses Gefühl entspricht auch sehr häufig der Realität. Viele klagen darüber, dass in der Politik ohnehin nur – sorry, liebe Kolleginnen und Kollegen im Politikbetrieb – »gelabert« und viel zu wenig von der politischen Theorie in die Praxis umgesetzt werde. Es sei doch viel wichtiger, dass etwas passiere. Jetzt. Sofort. Ohne langwierige Debatten über Vorteile, Nachteile, mögliche Alternativen, Zuständigkeiten und all das, was politische Diskussion oftmals so langatmig und zähflüssig macht.

Gerade beim Komplex Klimawandel und Klimapolitik erleben wir vor dem Hintergrund der sich global abzeichnenden Folgen des Klimawandels ein hohes Maß an – verständlicher – Ungeduld. Nicht nur in weiten Teilen der jungen Generation. Regelmäßig und immer lauter wird der Politik vorgeworfen, sie reagiere zu spät, zu langsam, nur halbherzig und bleibe mit ihren Entscheidungen weit hinter dem Notwendigen zurück. Diese Kritik übersieht, dass diejenigen, die eine unmittelbare politische Verantwortung tragen – und zwar für das ganze Land und auch über die Landesgrenzen hinaus –, sich in einem permanenten Abwägungsprozess befinden, bei dem die Chancen, Risiken und Nebenwirkungen jeder einzelnen Entscheidung sorgsam abgewogen werden müssen. Das wiederum führt zu der Frage, ob die Politik wirklich alles dafür tut, um diesen Abwägungsprozess so offen und transparent wie möglich zu gestalten. Zweifel sind angebracht.

In der Regel ist es so, dass Sachargumente selektiv vorgetragen werden, je nachdem, welche politische Position man vertritt. Daten und Fakten, die nicht zur eigenen Überzeugung passen, werden geschickt »übersehen«, was alles andere als vertrauensbildend ist – denn die Gegenposition wird dadurch nicht unsichtbar, sondern sie wird von der politischen Konkurrenz dann mit noch mehr Verve vorgetragen. Ein aktuelles Beispiel vor dem Hintergrund des Endes der nationalen Nutzung der Kernenergie zur Stromgewinnung Ende 2022: Die Befürworter der Kernenergie übersehen gerne die Gegenargumente »Hochrisikotechnologie« und »ungelöste Endlagerprobleme«

und deren Gegner, dass durch den Ausstieg zum 31. Dezember 2022 die Endlagerproblematik überhaupt nicht leichter zu lösen sein wird und dass wir künftig trotz eines weiteren Ausbaus der erneuerbaren Energien (EE) für einen längeren Zeitraum auch Strom aus Kernkraftwerken werden importieren müssen. Auch aus Kernkraftwerken, die möglicherweise nicht so hohe Sicherheitsstandards haben wie die drei, die Ende 2022 abgeschaltet werden.

Zwar hat die Bundesregierung im Januar 2021 auf eine Anfrage der Linkspartei im Deutschen Bundestag ganz entspannt mitgeteilt, sie wisse nicht, aus welchen Quellen importierter Strom stamme, obwohl es als gesichert angesehen werden kann, dass der importierte Strom zumindest auch aus Kernkraft- und/oder Kohlekraftwerken stammt. Warum stellt die Bundesregierung nicht sicher, dass der importierte Strom ausschließlich aus erneuerbaren Energiequellen stammen muss? Die Antwort: Weil dann die Energieversorgung in Deutschland nicht mehr gesichert wäre. Denn: Allein im 1. Quartal 2021 ist die Menge des importierten Stroms gegenüber dem Vorjahresquartal um 18,4 Prozent auf 12,2 Milliarden Kilowattstunden gestiegen. Besonders stark nach oben entwickelten sich die Stromimporte aus der Tschechischen Republik (+ 220 Prozent), wobei mengenmäßig jedoch Frankreich mit weitem Abstand vorne liegt. Dort wird die Kernenergie besonders intensiv genutzt. In der Tschechischen Republik liefern Kernenergie und Kohlekraftwerke etwa 75 Prozent der benötigten Strommenge. Und dennoch will man den Eindruck erwecken, man habe als Bundesregierung (!) keine Ahnung, wie der importierte Strom erzeugt würde.

Auf diese Weise und durch permanentes Aneinandervorbeireden kann man sich vielleicht einige Zeit argumentativ über Wasser halten, aber nie auf Dauer. Wenn die Bürgerinnen und Bürger das Gefühl bekommen, die Wahrheit würde nur portionsweise serviert, dann schafft das erst Unmut und dann Protest. Wie aber könnte das die Attraktivität der Parteien erhöhen? Den Reiz, sich gerade dort mit ganzer Kraft politisch zu engagieren und zu artikulieren?

Es ist aber nicht nur die – im Vergleich zum politisch interessierten Bevölkerungsanteil – relativ geringe Mitgliederzahl der Parteien, die stutzig macht. Noch aussagekräftiger ist der Trend der vergangenen Jahre. Insbesondere die beiden (ehemals?) großen Volksparteien leiden unter kontinuierlicher Auszehrung.

Hatte die CDU in ihren Anfangsjahren mehr als 300.000 Mitglieder, sank diese Zahl bis 1963 auf nur noch 250.000 ab. Dann allerdings ging es stetig aufwärts, bis 1990, im Jahr der deutschen Wiedervereinigung, der stolze Höhepunkt von 800.000 Mitgliedern erreicht wurde. Zumindest gedanklich müssten noch ca. 186.000 Mitglieder der CSU hinzuaddiert werden, denn anders als bei der SPD kann ja die CDU in Bayern keine Mitglieder gewinnen. Mit anderen Worten: Damals hatte die Union fast eine Million Mitglieder!

Ähnlich verlief die Entwicklung bei den Sozialdemokraten, die unmittelbar nach dem Zweiten Weltkrieg mehr als 700.000 Mitglieder zählten. Deren Zahl sank allerdings bis 1954 auf nur noch 586.000 ab. Von da an ging es wieder bergauf. 1972/73 konnten die Genossen voller Stolz verkünden, dass die Millionenmarke erreicht worden sei, dann jedoch wurden die Zahlen wieder kontinuierlich kleiner. 2019 waren es nur noch gut 400.000 Genossinnen und Genossen.

Zur Beantwortung der Frage: »Kann man Union und SPD noch als Volksparteien bezeichnen, oder verdienen sie dieses

Prädikat nicht mehr?« werden in erster Linie die Wahlergebnisse zurate gezogen. Auch hier gilt für SPD und Union die bekannte Börsenweisheit »The trend is your friend« schon seit mehr als 40 Jahren nicht mehr. Im Gegenteil: Bei der Bundestagswahl 1972 erreichten SPD und Union *zusammen* noch knapp 90 Prozent aller Zweitstimmen und vier Jahre später sogar 90,8 Prozent. Damals gab es keine Zweifel, dass beide Parteien noch Volksparteien im besten Sinne des Wortes waren.

1980 waren es immerhin noch 87,4 Prozent, auch 1983 noch stolze 87 Prozent. 1987 waren es dann nur noch 81,3 Prozent, 1998 ganze 75 Prozent, 2009 traurige 66,8 Prozent, und der vorläufige Tiefpunkt kam am 26. September 2021 mit schlappen 49,8 Prozent. Nur noch jede zweite Wählerin und jeder zweite Wähler hatten ihre Zweitstimmen der Union oder der SPD gegeben.

Neben der Analyse dieser Ergebnisse könnte natürlich auch danach geforscht werden, ob wenigstens die Mitgliederstruktur dieser Parteien zumindest dem Altersdurchschnitt der Bevölkerung entspricht. Hier allerdings sieht es auch nicht sehr erfreulich aus: 2019 lag das Durchschnittsalter der CDU-Mitglieder bei 61 Jahren, gegenüber gut 44 Jahren in der Bevölkerung. Die Genossinnen und Genossen waren im Durchschnitt nur wenige Monate jünger. Geradezu juvenil kommt dagegen die FDP daher, deren Mitglieder ein Durchschnittsalter von 51 Jahren haben. Demnach unterscheidet sich der Generationenmix dieser Parteien sehr deutlich vom Mix der Gesamtbevölkerung.

Jetzt könnte sich der Autor dieser Zeilen zwar frohgemut zurufen, dass er mit 70 Jahren nur knapp über dem Altersdurchschnitt seiner Partei liegt, aber er ist auch schon 50 Jahre dabei ... Auch in Bezug auf die Relation von weiblichen und männlichen Mitgliedern der Volksparteien entspricht das innerparteiliche Bild wahrlich nicht dem der Bevölkerung, denn in der CDU waren Ende 2019 nur 26,5 Prozent der Mitglieder Frauen, bei der SPD immerhin 32,8 Prozent.

Der entscheidende Punkt ist der Trend! Aktuell gibt es keine konkreten Anhaltspunkte dafür, dass sich dieser negative Trend der vergangenen Jahre kurzfristig umkehrt. Überhaupt scheint die Distanz zwischen Wählerinnen und Wählern einerseits und den Gewählten andererseits stetig größer zu werden. Die Kluft wird immer größer.

Welche Ursachen gibt es für diese Entwicklung? Warum haben gerade die beiden größten Parteien derart viel an Vertrauen und Zustimmung verloren? Wie können wir diese Entwicklung im Interesse unseres Landes und des gesellschaftlichen Zusammenhalts stoppen?

Natürlich ist es gerade in pluralen Gesellschaften, in lebendigen Demokratien alles andere als eine Sensation, dass neue Parteien entstehen und den etablierten Konkurrenz machen und damit Stimmen wegnehmen – aber es hat dem Land gutgetan, dass wir seit 1949 zwei große Volksparteien haben (oder: hatten?), deren Hauptaufgabe gerade darin bestand, unterschiedliche gesellschaftliche Strömungen zu integrieren, um in einem innerparteilichen Dialog nach einem gerechten Ausgleich widerstreitender Interessen zu suchen. Sowohl die Union als auch die SPD wollten nie Ein-Themen-Parteien sein oder nur eine bestimmte gesellschaftliche Klientel bedienen. Sie hatten immer den Anspruch, sich am gesamtgesellschaftlichen Interesse, am Gemeinwohl zu orientieren. Das wiederum hatte zur Folge, dass es auch bei Koalitions- und Regierungswechseln immer zu einem erstaunlichen Maß an politischer Kontinuität kam – nicht nur, aber vor allem auch außenpolitisch.

Wir waren international immer ein verlässlicher Partner und haben innenpolitisch, trotz gesellschaftlicher Auseinandersetzungen und Spannungen, ein erstaunlich hohes Maß an politischer Stabilität. Bis jetzt.

Ein trauriger Befund

Alles Reden ist sinnlos, wenn das Vertrauen fehlt.

Franz Kafka

Welchen Personen und Institutionen vertrauen Sie? Wo fühlen Sie sich mit Ihren Sorgen, Ihren Anliegen, Wünschen und Hoffnungen gut aufgehoben? Wen halten Sie als Person für besonders glaubwürdig, wessen Argumente für glaubhaft? Wo finden Sie ein hohes Maß an Übereinstimmung von Wort und Tat – und bei wem vermissen Sie genau das?

Im Frühjahr 2021 hatten nur noch gerade 30 Prozent der Bevölkerung Vertrauen in die politischen Parteien. Ein trauriger Befund. 66 Prozent begegneten ihnen mit Misstrauen, 4 Prozent der Befragten konnten sich nach dem Standard-Eurobarometer der EU-Kommission nicht zu einer klaren Festlegung aufraffen. Zwar war das Vertrauen fünf Jahre zuvor, also unmittelbar nach dem Höhepunkt der Flüchtlingskrise 2015/16, mit nur 22 Prozent noch niedriger, aber verglichen mit dem Wert des vorhergehenden Jahres, der immerhin noch bei 40 Prozent lag, ein deutlicher Verlust an Vertrauen.

Fast zur selben Zeit hatte die Körber-Stiftung ermittelt, dass nur 50 Prozent der Bevölkerung Vertrauen in unsere Demokratie haben und sogar nur 32 Prozent in den Bundestag und die (damalige) Bundesregierung, die Große Koalition von Union und SPD. Selbst dem Bundesverfassungsgericht brachten nur 55 Prozent Vertrauen entgegen, der Wissenschaft immerhin 67 Prozent.

Und während die EU-Kommission für den Politikbetrieb eine mickrige Vertrauensquote von nur 30 Prozent ermittelte, diagnostizierte die Gesellschaft für Politikforschung und Politikberatung policy matters gar nur schlappe 20 Prozent. So viel Misstrauen war selten.

Gleichzeitig sank auch das Ansehen des politischen Personals immer weiter. Allerdings begleitet von Managern und Unternehmern, die früher ebenfalls ein deutlich höheres Ansehen genossen. Gerade mal 16 Prozent billigten Politikerinnen und Politikern noch ein hohes oder gar sehr hohes Ansehen zu, 9 Prozentpunkte minus gegenüber 2019. Manager und Unternehmer haben im Vergleich dazu zwar mit 41 Prozent ein deutlich höheres Ansehen, allerdings beträgt der Rückgang zum Niveau davor satte 14 Prozent.

Am anderen Ende der Skala, also bei den Spitzenpositionen, landeten erwartungsgemäß Feuerwehrleute, Pflege- und Polizeikräfte mit Werten um die 80 Prozent. Da wird die Politik blass vor Neid. Allerdings gibt es auch im Bundestag, in den Landes- und Kommunalparlamenten Polizistinnen und Polizisten sowie Ärztinnen und Ärzte, und es wäre sicherlich spannend zu ermitteln, ob deren Ansehen durch eine aktive politische Tätigkeit sinkt oder stabil bleibt. Kann es sein, dass ein Feuerwehrmann oder eine Ärztin mit der Übernahme eines politischen Amtes schlagartig an Vertrauen verlieren? Schwer zu glauben.

Auch andere Umfrageergebnisse sind eher ernüchternd als ermutigend: 61 Prozent der Befragten gaben zu Protokoll, dass der Staat mit der Erfüllung seiner Aufgaben überfordert sei, 34 Prozent behaupteten sogar, dass diese Überforderung in den vergangenen Jahren deutlich zugenommen hätte. Nur 17 Prozent versicherten das Gegenteil.

Wenn weite Teile der Bevölkerung das Vertrauen in unsere staatlichen Institutionen verlieren, dem gesamten politischen Betrieb eher skeptisch oder gar ablehnend gegenüberstehen und daran zweifeln, dass sich die verantwortlichen Mandats- und Entscheidungsträger in erster Linie und mit ganzer Kraft nur dem Gemeinwohl verpflichtet fühlen, dann kann aus einem solchen Vertrauensbruch leicht eine Krise unserer Demokratie werden. Denn keine andere Staatsform ist so sehr auf das Vertrauen der Bürgerinnen und Bürger angewiesen wie die Demokratie. Wenn die Kluft zwischen Wählern und Gewählten immer größer wird, dann wendet sich ein beachtlicher Teil des Publikums von der Politik ab und macht von seinem Wahlrecht keinen Gebrauch – was man nicht immer mit politischem Desinteresse gleichsetzen sollte – oder wird leichte Beute von Populisten und Extremisten, die schon immer der Meinung waren, dass man »die da oben zum Teufel jagen sollte«. Wohin das führen kann, haben wir in Deutschland in der kurzen Epoche der Weimarer Republik mit ihrem tragischen Ende erfahren müssen.

Die Politik kann nicht allen Hoffnungen und Erwartungen der Wählerinnen und Wähler gerecht werden. Auch deshalb nicht, weil diese Erwartungen und Hoffnungen ganz unterschiedlich sind. Wenn die Bürger ihre Abgeordneten auffordern, mehr darauf zu achten, was »das Volk« von der Politik verlangt, dann erweckt diese Formulierung den Eindruck, als sei die Bevölkerung eine Art monolithischer Block mit völlig gleich gelagerten Interessen. Tatsächlich sind ganz unterschiedliche Meinungen zu ein und demselben Thema in einer pluralen Gesellschaft keine Sensation – das ist Regel!

Aber *einer* Erwartung kann – und muss – die Politik parteiübergreifend immer gerecht werden: Die Bürgerinnen und Bürger erwarten von all jenen, die ein öffentliches Amt innehaben, dass sie den damit verbundenen Ansprüchen jederzeit gerecht werden. Persönlich und fachlich. Sie erwarten die stete Übereinstimmung von Wort und Tat und dass der Vertrauensvorschuss, der durch das Kreuz in der Wahlkabine erteilt wurde, nicht zu Unrecht übertragen wurde.

Das ist keine Überforderung von Mandatsträgerinnen und Mandatsträgern, das sollte eigentlich eine Selbstverständlichkeit sein. Die Parteien können bei Wahlkämpfen noch so viele, noch so große Plakate aufhängen, Flyer unter das Volk bringen, Hausbesuche machen, Luftballons aufblasen und Kugelschreiber verteilen – wenn es den Wählern an Vertrauen in Personen und Institutionen, an Zutrauen in die politische Leistungsfähigkeit fehlt, dann wird der erhoffte Erfolg am Wahlabend ausbleiben.

Betrachten wir deshalb zunächst einmal die Lage der politischen Parteien, die nach dem Willen des Grundgesetzes »bei der politischen Willensbildung des Volkes mitwirken« (Art. 21 I, Satz 1 GG). Ihnen kommt in unserem politisch-parlamentarischen System zwar eine ganz besondere Bedeutung zu, aber sie haben kein Monopol auf die politische Meinungsbildung. Glauben Sie mir: Die Politik ist viel zu wichtig, um sie nur den Parteien zu überlassen!

Haaaalloooo! Hört uns irgendjemand da oben?

Wahlen allein machen noch keine Demokratie.

Barack Obama

Keine andere Staatsform lebt so sehr vom Engagement aller Bürgerinnen und Bürger wie die Demokratie. Das gilt nicht nur für politisches Engagement, sondern vor allem für den ehrenamtlichen Einsatz, ganz gleich ob im sozialen / karitativen Bereich oder im Umweltschutz, im Sport oder in der Kultur, beim Zivilschutz oder – ganz aktuell – in der Flüchtlingshilfe. Ohne diesen millionenfachen ehrenamtlichen Einsatz wäre der Staat auf allen Ebenen heillos überfordert.

In autoritären oder gar totalitären Regimen, in Theokratien oder absoluten Monarchien gilt das politische Engagement aus der Mitte der jeweiligen Gesellschaft für die herrschende Klasse als eher störend oder gar als pure Provokation. Es sei denn, man huldigt den jeweiligen Machtinhabern. Bestenfalls wird dieses Engagement geduldet, aber nur so lange, bis das Volk es tatsächlich wagt, Widerstand gegenüber den Mächtigen zu leisten oder auch nur politischen Widerspruch laut und vernehmbar zu artikulieren. Die Presse ist nur so lange »frei«, wie sie sich in Wort und Bild streng linientreu artikuliert. Demonstrationen werden zwar geduldet, aber wehe, sie verlaufen nicht nach der staatlichen Choreografie. Russland ist hierfür ein prägnantes, aber keineswegs singuläres Beispiel. Und die Freiheit der Religionsausübung endet exakt dort, wo eine Staatsreligion die Grenzen gezogen hat.

Für uns ist es ganz selbstverständlich, dass es weder eine Staatsreligion gibt, noch dass die Ausübung der religiösen Überzeugung behindert oder gar verhindert wird – solange sie sich im Rahmen der verfassungsgemäßen Ordnung bewegt. Dieser Rechtsrahmen wird in der Bundesrepublik nicht durch religiöse Instanzen bestimmt, sondern er orientiert sich nach Maßgabe unserer verfassungsrechtlichen Kompetenzverteilung an den demokratisch zustande gekommenen Entscheidungen durch die zuständigen Gesetzgebungsorgane. Sollten die Gesetzgeber diesen Rahmen zu eng ziehen, können sie sicher sein, dass die Verfassungsgerichte dies umgehend korrigieren.

Wir Christen betrachten es in Deutschland als ganz selbstverständlich, dass auch Juden und Muslime, Buddhisten und Hindus – und alle anderen Religionsgemeinschaften – ihrer religiösen Überzeugung Ausdruck verleihen dürfen. Nicht nur in Form eines religiösen Existenzminimums. Auch durch den Bau repräsentativer Moscheen in City-Lage, wie beispielsweise die DITIB-Zentralmoschee an der Inneren Kanalstraße in Köln-Ehrenfeld, Ende September 2018 eingeweiht durch den türkischen Staatspräsidenten Recep Tayyip Erdoğan. Dass allerdings bei uns der Bundespräsident ein Gotteshaus einweiht, dürfte eher unwahrscheinlich sein, das wäre keine Aufgabe für ein Staats-, sondern für ein religiöses Oberhaupt.

Aber versuchen Sie doch nur einmal mit einer Bibel nach

Saudi-Arabien einzureisen. Nicht um dort aus der Heiligen Schrift öffentlich vorzulesen oder gar selbige zu verteilen, um zu missionieren, sondern um privat darin zu lesen. Sollten Sie diesen mutigen Versuch eines Tages tatsächlich wagen, dann sollten Sie sich klugerweise zuvor von Familie und Freunden verabschieden. Einreise streng verboten. Und sollte sie dennoch gelingen, Sie aber mit einer Bibel erwischt werden, dann wäre der Zeitpunkt Ihrer Rückkehr – wenn überhaupt – äußerst ungewiss.

Der Begriff »absolute Monarchie«, nicht zu verwechseln mit einer parlamentarischen Monarchie wie beispielsweise im Vereinigten Königreich oder in Spanien, wird vom lateinischen Begriff »absolutus legibus« abgeleitet – losgelöst von den Gesetzen. Die jeweiligen Herrscherhäuser handeln nicht kraft demokratisch und parlamentarisch übertragener Rechte, sondern aus eigener Machtvollkommenheit. Sie sind nicht und fühlen sich auch nicht an Recht und Gesetz gebunden. Sofern sie überhaupt nachvollziehbare Kriterien für die Meinungsbildung und Entscheidungsfindung besitzen, dürfte das wichtigste Kriterium die eigene Überzeugung sein. Und wenn das Volk dagegen aufbegehrt, dann dürfte diese Kritik wohl nach dem folgenden Kriterium ad acta gelegt werden: »Das Volk murrt? Dann lasst es murren!«

In diesen Regierungsformen wird von der Bevölkerung erwartet, dass es sich dem Willen der Herrscher klaglos beugt und selbstverständlich nicht aufbegehrt. Geschweige denn, dass man auf den absurden Gedanken kommt, so etwas wie Demokratie praktizieren zu wollen. Demokratisches Engagement »von unten« ist nicht nur unerwünscht, es gilt sogar als existenzielle Bedrohung der etablierten Herrschaftsstrukturen.

Dagegen ist die Lage in westlichen Demokratien eine völlig

andere, eine ganz und gar gegensätzliche. Für diese Demokratien ist es von geradezu existenzieller Bedeutung, dass zu der staatlichen Verantwortung und Aufgabenerfüllung ein vielfältiges und aktives bürgerschaftliches Engagement hinzukommt. Die Legitimation der Gewählten leitet sich ausschließlich vom Votum des (Wahl-)Volks ab. Nicht vom Willen irgendeines Herrschers, der sich keinem demokratischen Votum stellen muss.

Sonntags schwärmen Politikerinnen und Politiker gerne von einer »lebendigen Demokratie«. Von einer Demokratie, in der die Meinungsbildungs- und Entscheidungsfindungsprozesse nicht nur in Kommunal-, Landes- und dem Bundesparlament stattfinden, sondern unter reger Beteiligung der Bürgerinnen und Bürger, die in unterschiedlichen Institutionen und Formaten ihre Erwartungen und Anliegen artikulieren. Sie engagieren sich ja nicht nur in Parteien, sondern in vielfältiger Weise in Bürgerinitiativen, Vereinen und Verbänden. Oft mit einer ganz dezidierten politischen Motivation. Teils spontan zur Geltendmachung und Durchsetzung bestimmter politischer Ziele, teils jahrzehntelang mit einem enormen zeitlichen und emotionalen Aufwand.

Gerade deshalb ist es von entscheidender Bedeutung, ob überhaupt und wenn ja, wie dieses Engagement aus der Mitte der Bevölkerung mit den demokratisch gewählten Institutionen und ihren politischen Repräsentanten verzahnt wird. Ob die jeweiligen Ebenen miteinander, nebeneinander oder gar gegeneinander agieren. Gemeint sind ausdrücklich nicht nur die großen, etablierten, finanz- und einflussstarken Organisationen mit ihren exzellenten Zugängen zum Parlament und zu den Medien – um die müssen wir uns diesbezüglich wirklich keine Sorgen machen. Gemeint sind hier die vielfältigen und nicht selten ganz unterschiedlichen Interessen von Personen und Gruppierungen, die nicht über diese eingefahrenen Zugänge zum Parlamentsbetrieb verfügen. Greta Thunberg muss sich um Termine bei Parlamenten und Regierungen nicht bemühen, sie kann sich ihre Gesprächspartner nach ihren Wünschen aussuchen, einschließlich Zeit und Ort.

Aber welche Chancen hat ein Arbeitnehmer, der befürchtet, dass sein Arbeitsplatz im Zuge der Mobilitätswende ersatzlos wegfällt – verbunden mit der Sorge, dass er in seinem schon vorgerückten Alter keinen neuen, adäquaten Arbeitsplatz mehr finden wird? Oder der kleine Familienbetrieb, dessen Produktion durch stetig steigende Energiepreise zu immer höheren Kosten führt und am Ende zu Preisen, die sich auf dem Markt nicht mehr durchsetzen lassen, weil die Konkurrenz aus Fernost viel billiger produzieren kann? Wenn die Großen straucheln, kann man ziemlich sicher sein, dass schon sehr bald Rettung durch den Staat naht. Wenn die Kleinen nicht mehr wissen, wie es weitergeht, droht die Insolvenz.

Natürlich wissen die Bürgerinnen und Bürger ganz genau, dass weder die Abgeordneten noch die kommunalen Mandatsträger allen Anliegen und Forderungen entsprechen können. Zumal diese in der Regel nicht nur sehr unterschiedlich, sondern auch diametral entgegengesetzt sein können. Es ist halt einfacher, aus einer schicken Altbauwohnung in Berlin-Friedrichshain heraus mit der Gewissheit, dass dort niemals auch nur ein einziges Windrad in Sichtweite der Wohnung stehen wird, für einen kräftigen Ausbau der Windenergie zu kämpfen, als sich in einem ländlichen Gebiet mit den Folgen der Errichtung von Windparks in unmittelbarer Nähe zum eigenen Zuhause beschäftigen zu müssen.

Es jedem »recht zu machen« wird auch mit allen denkbaren

Anstrengungen nicht gelingen! Nie werden alle mit jeder politischen Entscheidung zufrieden sein. Aber die Wählerinnen und Wähler wollen nicht nur alle vier oder fünf Jahre ihre Kreuze in den Wahlkabinen machen, sondern in ständiger Rückkopplung mit denen »da oben« sein und bleiben. Jedenfalls sehr viele! Sie wollen von der Politik nicht nur aus der Ferne gesehen und gehört, sondern mit ihren Wünschen und Anliegen ernst genommen werden. Viele, viel zu viele, haben den Eindruck, dass man ihnen nicht mehr richtig zuhört. Ja klar, ihre Stimme möchte man schon haben, per Kreuz am Wahltag, aber so richtig zuhören, das trauen der Politik nicht mehr sehr viele zu.

Ein zu pauschales Urteil? Ja, das mag sein, denn es gibt viele Politikerinnen und Politiker, die »Bürgernähe« nicht nur in Wahlkampfbroschüren erwähnen, sondern auch im politischen Alltag praktizieren. Aber dass die Politik unter einem großen Verlust an Vertrauen leidet, dass immer mehr Menschen das Gefühl bekommen, mit ihren Erwartungen an die Politik nicht mehr durchzudringen, das kann man zwar bestreiten, aber dadurch ändert man die Lage nicht.

Wem vertrauen Sie? Und warum?

Vertrauen ist für alle Unternehmungen das große Betriebskapital, ohne welches kein nützliches Werk auskommen kann. Es schafft auf allen Gebieten die Bedingungen gedeihlichen Geschehens.

Albert Schweitzer

In meiner mehr als 50-jährigen politischen Tätigkeit habe ich unzählige Bürgersprechstunden organisiert und durchgeführt, allesamt sehr gut besucht. In der Zeit von 1976 bis Ende der Achtzigerjahre in meiner Eigenschaft als Referent des damaligen Bundestagsabgeordneten für den Rheinisch-Bergischen Kreis, Franz Heinrich Krey (CDU), und von 1994 bis 2017 als MdB des gleichen Wahlkreises. Volkstümlich formuliert gab es an Themenvielfalt wirklich alles, was man sich nur vorstellen kann, von höchstpersönlichen Anliegen bis zur Weltpolitik. Von »Warum können die Vereinten Nationen nicht verhindern, dass es immer noch Kriege gibt?« bis hin zu »Sie sind doch nicht nur Politiker, auch Anwalt: Wie macht man eigentlich ein Testament?« war alles dabei. In diesen Sprechstunden habe ich selber nur wenig gesprochen, ich habe vielmehr die Besucherinnen und Besucher sprechen lassen, gut zugehört und dabei oft Interessantes erfahren und auch viel gelernt.

So auch, dass die Meinungen der Bürgerinnen und Bürger zu ein und demselben Thema oft meilenweit auseinanderlagen oder völlig konträr waren. In diesen Fällen gab es allerdings auch eine große Gemeinsamkeit: Jeder war der Meinung, dass nur die eigene Meinung die einzig richtige und vernünftige sein könnte. Zugegeben eine Haltung, die auch dem Politikbetrieb nicht ganz fremd ist.

Regelmäßig gab es dann den gut gemeinten Hinweis, dass wir Abgeordnete viel mehr auf das hören sollten, was *die* Bevölkerung zu diesem oder jenem Thema denkt und von der Politik erwartet. Gerade so, als hätten alle Bürgerinnen und Bürger des Landes, immerhin gut 82 Millionen Menschen, zu allem die gleiche Meinung. Das ist allerdings so gut wie nie der Fall. Deshalb habe ich regelmäßig nachgefragt: »Soll denn die Politik Ihrer Meinung nach jenen folgen, die dafür plädieren – oder doch eher denen, die strikt dagegen sind? Beides gleichzeitig geht leider nicht!«

Diese Meinungsvielfalt, diese Pluralität politischer Einstellungen und Erwartungen gibt es eben nicht nur in den Parlamenten – dort prallen sie nur im politischen Meinungskampf ganz unmittelbar und öffentlich sichtbar aufeinander – sie gibt es auch in der Bevölkerung. Anders formuliert: Die Meinungsvielfalt innerhalb der Bevölkerung spiegelt sich in den Parlamenten wider. Vielleicht nicht vollständig, aber doch in weiten Teilen.

Auch wenn wir in den vergangenen Jahrzehnten eine immer größer werdende Ausdifferenzierung gesellschaftlicher Strömungen mit der Folge nachlassender Bindung an traditionelle Milieus erlebt haben: Geblieben über alle unterschiedlichen Einstellungen hinweg ist die große Hoffnung – und berechtigte Erwartung –, den politischen Repräsentanten uneingeschränktes Vertrauen entgegenbringen zu können. Denn mit dem Kreuz in der Wahlkabine erhalten sie von den Wählerinnen und Wählern einen enormen *Vorschuss* an Vertrauen. Dieser Vertrauensvorschuss bezieht sich in erster Linie auf die Wahrnehmung der politischen Verantwortung, auf die Ausübung und Ausgestaltung des übertragenen Mandats. Aber es geht auch darum, durch das persönliche Verhalten der Ausübung dieser Verantwortung gerecht zu werden.

Daher lauten die entscheidenden Fragen, die sich sehr viele, ganz unabhängig von ihrer politischen Heimat oder Anschauung, stellen: Kann ich denen da oben wirklich trauen? Kann ich sicher sein, dass ich nicht durch Worte oder Gesten getäuscht werde? Dass meine Erwartungen im Hinblick auf das persönlich einwandfreie Verhalten nicht enttäuscht werden? Kann ich sicher sein, dass sich die politischen Repräsentanten so verhalten, dass sie den an sie gestellten Anforderungen und Erwartungen immer gerecht werden? Oder besteht nicht eher die Gefahr, dass »die da oben« viel zu oft Gemeinwohl mit Eigennutz verwechseln?

Wenn Bürgerinnen und Bürger das Vertrauen in *die* Politik verlieren, zunächst vielleicht nur in einzelne Politikerinnen und Politiker, dann aber in die Parteien insgesamt und am Ende vielleicht sogar in unser gesamtes parlamentarisches System, dann steht viel mehr auf dem Spiel als »nur« die Karrierechancen von Mandatsträgern oder die Wahlchancen einzelner Parteien. Dann geht es um die Zukunft unseres politischen Systems, um die Zukunft unserer Demokratie. Um Bestand und Fortentwicklung unserer freiheitlich-demokratischen Rechtsordnung – die wir gegen ihre Feinde mit aller Kraft verteidigen müssen. Diese Feinde sind zahlreich und kommen aus ganz unterschiedlichen Richtungen.

Wenn die Menschen das Gefühl bekommen, dass sie »da oben« mit ihren Sorgen und Anliegen nicht gehört werden, dass man sie nicht ernst nimmt und dass »die da oben« ohnehin nur das machen, was *sie* wollen, dann haben Extremisten leichtes Spiel. Ganz unabhängig davon, ob sie unsere Demokratie von Linksaußen, von Rechtsaußen oder mit religiös motiviertem Fanatismus attackieren. Wenn die AfD-Granden Gauland, Höcke und Co. für die etablierten Parteien ebenso permanent wie penetrant das Wort »Altparteien« verwenden, dann nehmen sie nicht Bezug auf das Gründungsdatum, das Alter anderer Parteien, dann stellen sie die Systemfrage. An die Stelle der alten Ordnung soll irgendeine neue Ordnung treten, natürlich mit Führungsanspruch der AfD.

Hitler tönte 1933: »Ich habe mir ein Ziel gestellt: Nämlich die 30 Parteien aus Deutschland hinauszufegen!« Nein, das Wort »Altparteien« ist keine Erfindung der AfD. Aber wenn sie dieses Wort benutzt, dann geschieht das nicht zufällig, sondern ganz gezielt mit der Absicht, die etablierten Parteien des politisch-demokratischen Spektrums als zukünftig obsolet zu disqualifizieren. Als zu Beginn der Dreißigerjahre des vergangenen Jahrhunderts in der Weimarer Republik die Systemfrage gestellt und das Land mit menschenverachtender Ideologie und brutaler Gewalt von einer Demokratie in eine Diktatur umgestaltet wurde, da nahm das Unheil seinen Lauf.

Wenn jedoch die Bürgerinnen und Bürger ihren politischen Repräsentanten, den Parteien und unseren demokratischen Institutionen mit Vertrauen begegnen, wenn sie nicht das Gefühl haben, getäuscht zu werden, dann haben die Hetzer von links und rechts keine Chancen. Reißt jedoch das Band des Vertrauens zwischen Wählern und Gewählten, dann haben es die Radikalen leicht.

Hand aufs Herz: Wem vertrauen Sie? Noch. Wessen Worten schenken Sie Glauben? Von welcher Politikerin, welchem Politiker würden sie einen Gebrauchtwagen kaufen? Und von wem auf keinen Fall? Noch nicht einmal einen Neuwagen?

Gebrauchtwagenkauf ist Vertrauenssache!

Wer anderen gar zu wenig traut,
hat Angst an allen Ecken; wer gar zu viel
auf andre baut, erwacht mit Schrecken.

Wilhelm Busch

Sie haben natürlich völlig recht! Der Sinn der Frage »Was hat der Kauf eines Gebrauchtwagens mit einer Wahl oder politischen Entscheidung zu tun?« erschließt sich nicht auf den ersten Blick. Aber ein Berliner Kraftfahrzeughändler wird sich schon etwas dabei gedacht haben, als er 2016 für seine Gebrauchtwagenabteilung die Marke »Vertrauenswagen« kreierte. Schließlich ist der bekannte Satz »Gebrauchtwagenkauf ist Vertrauenssache!« fast so alt wie der Handel mit Kraftfahrzeugen.

Beim Kauf eines Neuwagens gehen die Käufer selbstverständlich von dessen Mängelfreiheit aus. Schließlich wurde das gute Stück ja noch nicht dem rauen Praxistest im Straßenverkehr unterzogen. Bei einem Kilometerstand von 0 denkt niemand an Mängel, weder an verborgene noch an geschickt übertünchte. Woher sollten die auch kommen? Man vertraut der Qualitätskontrolle des Herstellers, in den meisten Fällen zu Recht. Die berühmt-berüchtigten »Montagsautos« sollen an dieser Stelle einmal unberücksichtigt bleiben.

Beim Kauf eines gebrauchten Fahrzeugs ist die Lage jedoch ganz anders. Wir erhalten zwar die technischen Daten und die Ausstattungsmerkmale des guten Stücks, inklusive der Zahl der Vorbesitzer, und fragen selbstverständlich auch nach dem Tag der Erstzulassung, der Kilometerlaufleistung und etwaigen Unfallschäden. Das geringste Problem haben wir bei der angepriesenen Ausstattung, denn ob ein Kfz auch Schiebedach und CD-Spieler hat, lässt sich schnell überprüfen. Bei der Kilometerlaufleistung wird es schon komplizierter. Die Zahl auf dem Tacho muss nicht unbedingt die wahre Laufleistung wiedergeben. Selbst dann, wenn uns der Wagen auf den ersten Blick gefällt, schleichen wir nicht selten misstrauisch um das Gefährt herum und fragen uns: »Wo ist hier der Haken?«

Ist der Vorbesitzer mit seinem Wagen pfleglich umgegangen oder doch eher rücksichtslos? Gab es beim Gangwechsel regelmäßig einen schönen Gruß vom Getriebe, oder beherrschte der Fahrer die Technik perfekt? Hat es irgendwann einmal »geknallt« – und wenn ja, mit welchen Folgen? Ist die Karosserie nur oberflächlich repariert worden, oder nach den anerkannten Regeln der Karosseriebaukunst? Und hat vielleicht nicht doch jemand am Tacho herumgefummelt, und die wahre Laufleistung ist deutlich höher als die angezeigte? Fragen über Fragen.

Da wir uns in aller Regel auf die Angaben des Händlers verlassen (müssen), lautet die entscheidende Frage: Vertrauen wir ihm? Glauben wir seinen Angaben? Vertrauen wir auf die Richtigkeit und Vollständigkeit seiner Informationen, oder haben wir irgendwie doch ein komisches Gefühl im Bauch?

Als die Demokratische Partei der USA vor mehr als 60 Jahren auf ihrem Konvent in Los Angeles John F. Kennedy zu ihrem Präsidentschaftskandidaten kürte, hingen dort Plakate mit dem Konterfei seines republikanischen Gegenkandidaten Richard M. Nixon mit der Aufschrift:

»Würden Sie von diesem Mann einen Gebrauchtwagen kaufen?«

Was zwar nicht auf den Plakaten stand, aber tatsächlich gemeint war: Lassen Sie sich in Ihrer Meinungs- und Entscheidungsfindung nicht in erster Linie von Wahlprogrammen und -versprechungen der Parteien und ihrer Spitzenkandidaten, von TV-Spots, Anzeigen und Plakaten beeinflussen. Sehen Sie sich lieber die Persönlichkeit der Kandidaten an, ihren Charakter – und geben Sie Ihre Stimmen demjenigen, dem Sie am meisten vertrauen. Damit war die Vertrauensfrage gestellt. Schon lange bevor der eigentliche Präsidentschaftswahlkampf begonnen hatte.

Das Ergebnis der Wahl im November 1960 ist bekannt: Zwar gewann Kennedy gegen Nixon nach Prozenten nur ganz knapp (49,7 zu 49,6 Prozent), aber bei den Wahlleuten, auf die es entscheidend ankommt, neigte sich die Waage ganz eindeutig zu seinen Gunsten: 303 zu nur 219. Und das, obwohl John F. Kennedy nur in 23 Bundesstaaten gewinnen konnte, Richard M. Nixon jedoch in 26.

Seither sind zwar mehr als sechs Jahrzehnte vergangen, aber die berühmte Gebrauchtwagen-Frage wird immer mal wieder gestellt, auch bei uns in Deutschland. So hat der Betreiber eines großen Onlineautomarktes im Wahljahr 2017 einheimische Autohalter gefragt, von welcher Politikerin oder welchem Politiker sie denn am ehesten einen Gebrauchtwagen kaufen würden. Das Ergebnis war für die Branche Politik ziemlich niederschmetternd. Etwa die Hälfte (!) aller Befragten gab zu Protokoll, dass sie von keiner Politikerin und keinem Politiker einen Gebrauchtwagen kaufen würden.

Eine originelle Antwort lautete sogar: »Bevor ich einem Politiker ein Auto abkaufe, gehe ich lieber zu Fuß!« Ganz Schlaue könnten jetzt einwenden, dass dies aber nicht für Politikerinnen gelten könne, da ja nur die männliche Form gewählt worden sei, allerdings dürfte sich der Umfrageteilnehmer eher an der landläufigen Umgangssprache orientiert haben als an der Differenzierung nach Geschlechtern.

Immerhin gaben 15 Prozent an, sie könnten sich vorstellen, von Angela Merkel ein Fahrzeug zu kaufen. Traurige 15 Prozent – und dennoch der Spitzenwert! Martin Schulz (SPD) wurde sogar mit nur 7 Prozent bewertet, Wolfgang Schäuble (CDU) mit mageren 6 Prozent, gefolgt von Cem Özdemir (Bündnis 90 / Die Grünen), Horst Seehofer (CSU) und Christian Lindner (FDP) mit jeweils nur 4 Prozent. Die *Welt* titelte damals »Skala des Vertrauens«, aber bei diesen Werten hätte die Überschrift auch »Skala des Misstrauens« lauten können. Ganz am Ende rangierte damals Dietmar Bartsch (Die Linke) mit nur 1 Prozent. Eigentlich könnte man bei diesen Haltungsnoten in puncto Vertrauen niemandem aus dieser Riege empfehlen, mit gebrauchten Autos zu handeln.

Natürlich stimmt es, dass das Ansehen von Politikern noch nie den besten Ruf genoss. Vorsichtig formuliert. Traditionell rangieren Politiker auf den einschlägigen Beliebtheitsskalen weit hinter Ärzten, Polizisten, Feuerwehrleuten, Pflegekräften und anderen Sympathieträgern. Aber eine Spitzennote von nur 15 Prozent ist schon ziemlich deprimierend. Nun sollte man meinen, dass derartige Werte in der Abteilung Politik für Aufsehen sorgen, dass nunmehr dort das verschärfte Nachdenken darüber beginnt, woran das wohl liegen könnte. Sollte man meinen. Haben Sie das irgendwann einmal registriert? Ich nicht.

Zu Gast in Auerbachs Keller

Ein garstig Lied! Pfui! Ein politisch Lied!

Johann Wolfgang von Goethe, Faust I

Dass die Politik keinen besonders guten Ruf hat, ist bekannt. So weit, so schlecht. Vielleicht ist das der Grund dafür, warum viele mit Politik oder gar Parteipolitik erst gar nicht in Berührung kommen wollen. Der Satz »Ich bin politisch zwar sehr interessiert, aber parteipolitisch nicht gebunden« gilt nicht wenigen heutzutage schon als eine Art Qualitätsnachweis. Als Nachweis für Unabhängigkeit und überparteiliches Denken und Handeln. Gerade so, als würde man mit dem Eintritt in eine Partei seine persönliche und politische Freiheit aufgeben und Zug um Zug gegen Parteibuch oder Mitgliedsausweis eintauschen.

Gerade auf kommunaler Ebene kommt es immer häufiger vor, dass Kandidatinnen und Kandidaten für ein Bürgermeister- oder Landratsamt ganz gezielt damit werben, *keiner* Partei anzugehören. Die Parteien sollten sich sehr selbstkritisch fragen, woran das liegen könnte.

Neu ist der schlechte Ruf der Politik allerdings wirklich nicht. Im Gegenteil! In Auerbachs Keller zu Leipzig lässt Goethe in seiner Tragödie *Faust* Brander sagen: »Ein garstig Lied! Pfui! Ein politisch Lied!« Nun wäre es vermessen und geradezu verwegen zu unterstellen, dass sich das literarische Universalgenie Goethe ausgerechnet in seinem Meisterwerk bei Gedanken und Worten anderer Geistesgrößen in unappetitlicher Form bedient hätte, aber schon 1792 ließ Johann Gottfried Herder sein Publikum wissen: »Politisch Lied, ein böses, böses Lied!« Offenbar auf dieser Welle der klassischen Literatur surfend, ließ der deutsche Buchhändler und Zeitungsverleger Bernhard Brigl verlauten: »Politik verdirbt den Charakter!« und dem erst 1959 geborenen Pädagogen Thom Renzie (der Name soll ein Pseudonym sein) wird folgender, nur begrenzt freundlicher Satz zugeschrieben: »Es gibt kaum eine Dummheit, der es nicht gelungen ist, auch der Politik gefällig zu sein!«

Kurzum: Wer seiner Abneigung gegen die Politik im Allgemeinen und Parteien im Besonderen in wohltönenden Worten Ausdruck verleihen möchte, kann sich problemlos und honorarfrei bei der klassischen Literatur bedienen.

Indes: Der Satz »Politik verdirbt den Charakter!« ist schon viel zu häufig widerlegt worden, um als wissenschaftlich gesichert gelten zu können. Es gab und gibt – national und international – großartige Politikerinnen und Politiker, für die ein solcher Satz nicht nur unangemessen, sondern geradezu üble Nachrede wäre, weil er weder der persönlichen Lebensleistung noch dem charakterlichen Verhalten gerecht würde.

Nein, die Politik verdirbt *nicht* den Charakter – aber es gibt Charaktere, die die Politik verderben! Das stimmt tatsächlich. Denn leider findet man immer wieder mit höchst unschöner Regelmäßigkeit nicht nur, aber auch in der Politik Gestalten, die durch das eigene, persönliche Verhalten – genauer gesagt: Versagen – dieses hartnäckige Vorurteil bestätigen. Traurig, aber wahr! Nein, ich bin kein Nestbeschmutzer. Ich weiß ja aus 50 Jahren politischer Arbeit, dass dieses Vorurteil parteiübergreifend den allermeisten Politikerinnen und Politikern nicht gerecht wird. Aber ich weiß auch, dass es in den vergangenen Jahren zu viele Fälle gegeben hat, bei denen Misstrauen in die Politik als gerechtfertigt, wenn nicht gar als notwendig angesehen wurde. Wegducken kann auch hier kein Beitrag zur Problemlösung sein.

Von allen guten Geistern verlassen!

Die Welt hat genug für jedermanns Bedürfnisse,
aber nicht für jedermanns Gier!

Mahatma Gandhi

Januar 2020. Von China aus breitet sich die Covid-19-Epidemie von Land zu Land aus, bis sie nach einigen Monaten zu einer Pandemie und damit zu einer globalen Herausforderung anwächst. In den Laboren der forschenden Pharmaindustrie wird fieberhaft daran gearbeitet, möglichst rasch wirksame Gegenmittel zu finden – sowohl in Form von Impfstoffen zur Verhinderung von Infektionen als auch von Medikamenten zu deren Therapie. In der Hoffnung, auf diese Weise zumindest schwere Krankheitsverläufe verhindern zu können.

Während der eine Teil der Bevölkerung die Supermärkte stürmt, um sich vor allem mit einem ausreichenden Vorrat an Nudeln und Toilettenpapier einzudecken, bastelt der andere Teil an der Produktion von originellen und nur bedingt funktionstüchtigen Atemmasken der Marke »Made in Heimarbeit«. Der Grund: Sehr schnell hat sich herausgestellt, dass es auch in

Deutschland einen eklatanten Mangel an qualitativ hochwertigen, medizinischen Masken gibt. Und die Bezeichnung FFP 2, bislang nur Fachleuten geläufig, wird so schnell bekannt und populär wie die Kürzel Mercedes S-Klasse oder Porsche 911.

Wenn allerdings die ganze Welt zur gleichen Zeit die gleichen Produkte bei Herstellern und Händlern ergattern möchte, dann wird die begehrte Ware schnell knapp und die Preise schießen in die Höhe. Dann wird in schon sehr kurzer Zeit auch ein Alltagsprodukt zu einer Art »heißen« Ware. Gestern noch in großer Menge und günstig zu erwerben – heute schon ein Luxusgut.

Kein Wunder, dass Produzenten und Händler das Geschäft ihres Lebens wittern und diese Ware umgehend anpreisen, natürlich immer und überall »zu Toppreisen in Topqualität – Vorkasse erbeten«. Dem Bund und den Ländern wird suggeriert, die begehrte Ware könnte umgehend geliefert werden, sie sei quasi schon unterwegs – allerdings sei höchste Eile geboten. Wer aber sind die Entscheidungsträger? Wer entscheidet darüber, welche Ware zu welchem Preis, in welcher Qualität und Menge wann bestellt wird? Es wird vermutet, dass es am besten ist, ganz oben zu intervenieren, am besten direkt bei den Gesundheitsministern von Bund und Land – und wer hat da den kürzesten Draht, die beste Verbindung? Dann nehmen wir doch mal Kontakt zu Abgeordneten des Bundes und der Länder auf.

Auf diese Weise wurden im Frühjahr und Sommer 2020 viele Mandatsträgerinnen und -träger im Bund und in den Ländern um Unterstützung der Verkaufsbemühungen gebeten – vor allem solche aus den Reihen von CDU und CSU. Was auch nicht weiter wundert, denn zu diesem Zeitpunkt war ja noch die Große Koalition in Amt und Würden, die Kanzlerin gehörte der CDU an und der zuständige Gesundheitsminister ebenso. Wer geht schon zu Abgeordneten der politischen Konkurrenz, wenn der Gesundheitsminister eine andere Feldpostnummer hat?

Bis hier, aber auch nur bis hier, ist das Ganze noch einigermaßen nachvollziehbar, es sei denn, dass die kontaktierten Abgeordneten mehr gesagt haben als: »Bitte wenden Sie sich mit Ihren Angeboten an die zuständigen Stellen des Bundes und der Länder!«

Wer aber auch nur – ganz gleich ob mit Erfolg oder ohne – den abenteuerlichen Versuch unternimmt, die Hand aufzuhalten, um sich damit an einer weltweiten Notlage persönlich zu bereichern, hat nicht nur eine dunkelrote politische Linie überschritten, sondern sich auch für jedes öffentliche Amt disqualifiziert. Als die Grenzüberschreiter aufflogen, wurde sofort heftig darüber diskutiert, ob sie sich strafbar gemacht hätten. Damit haben sich die zuständigen Strafverfolgungsbehörden zu beschäftigen, das ist hier nicht das Thema. An dieser Stelle geht es darum, wie einzelne Politikerinnen und Politiker durch ihr unbegreifliches Verhalten dazu beitragen, das Ansehen *aller* Mandatsträger nachhaltig zu beschädigen. »So sind sie doch alle!« heißt es dann, auch wenn die meisten *nicht* so sind.

Als die ersten Meldungen kamen, habe ich spontan gedacht: »Sind die denn von allen guten Geistern verlassen?«, und diese Frage dürften sich sehr viele gestellt haben. Auch deshalb, weil der Grat zwischen der legitimen Wahrnehmung von berechtigten Interessen – zum Beispiel von Betrieben im Wahlkreis – und dem Verdacht unbotmäßiger Lobbyarbeit für Unternehmen oder Verbände sehr schmal ist. Einerseits erwartet man im Wahlkreis, dass man dessen berechtigte Interessen in Berlin oder an anderen Stellen kraftvoll vertritt, andererseits sollte man als Mandatsträger den Eindruck vermeiden, für bestimmte Interessen unterwegs zu sein. Die entscheidende Frage muss immer lauten: »Ist das im öffentlichen Interesse, gibt es gute Gründe des Gemeinwohls, um dieses Anliegen zu unterstützen – oder geht hier Eigennutz vor Gemeinwohl?«

Auf keinen Fall darf man selber die Hand aufhalten! Völlig unabhängig davon, ob das strafrechtlich relevant wäre oder nicht. Die Frage heißt nicht: »Erlaubt oder verboten?«, sondern: »Ist das mit meiner politischen Verantwortung kompatibel? Entspricht die Handlung (oder das Unterlassen) dem, was von Trägerinnen und Trägern öffentlicher Verantwortung erwartet wird?«

Nein – auch wenn oft das Gegenteil behauptet wird –, wer ein öffentliches Amt innehat, kann sich *nicht* mehr erlauben als der viel zitierte Otto Normalverbraucher. Eher weniger! Wer öffentliche Verantwortung trägt, muss sich im Zweifel immer fragen: »Ist diese Handlung mit meiner Verantwortung als Mandatsträger vereinbar? Entspricht sie den Erwartungen meiner Wählerinnen und Wähler?«

Wem dieser innere Kompass fehlt, der sollte sich nicht für ein öffentliches Amt bewerben. Auch deshalb nicht, weil ansonsten die Gefahr groß ist, dass viele für das Fehlverhalten Einzelner zwangsläufig mithaften. Weit mehr als 90 Prozent der Abgeordneten im Bund und in den Ländern werden sich (auch) in der Causa medizinische Masken völlig korrekt verhalten haben. Aber wenn einzelne Kolleginnen und Kollegen – und dann auch noch aus den eigenen Reihen – wegen Raffgier verhaltensauffällig werden, dann leiden am Ende alle darunter, nicht nur die Übeltäter.

Kein Wunder, dass die ganze Sache für die Union sowohl bei den Landtagswahlen des Jahres 2021 als auch bei der Bundestagswahl ein veritables Problem war. Noch mehr für die wahlkämpfende Basis vor Ort als auch die Parteizentrale. Auch deshalb ist es viel zu einfach, allein Armin Laschet die Schuld an dem Wahldebakel anzulasten.

Auch an dieser Stelle zeigt sich, dass es in der Politik nicht viel anders ist als im richtigen Leben: Man kann in kurzer Zeit Vertrauen verspielen, und es kann dann lange Zeit brauchen, um es wieder zurückzugewinnen.

Und was wird aus mir?

Es gibt zwei Möglichkeiten, Karriere zu machen.
Entweder man leistet wirklich etwas,
oder man behauptet, etwas zu leisten.
Ich rate zur ersten Methode, denn hier ist
die Konkurrenz bei Weitem nicht so groß.

Danny Kaye

Im Politikbetrieb gibt es Standardfloskeln, die sich parteiübergreifend großer Beliebtheit erfreuen. Entweder weil sie derart herrlich unkonkret sind, dass man sich alles oder nichts darunter vorstellen kann (»Diese Herausforderungen sind immens, miteinander verwoben und in ihrer Gleichzeitigkeit anspruchsvoll«), oder beeindruckend schwammig, sodass man selbst bei eklatanter Zielverfehlung immer noch hoch erhobenen Hauptes beteuern kann, Wort gehalten zu haben (»Wir *sehen* den Weg zur CO_2-neutralen Welt als große Chance für den Industriestandort Deutschland. Neue Geschäftsmodelle und Technologien *können* klimaneutralen Wohlstand und gute Arbeit schaffen, *wenn* wir die richtigen Rahmenbedingungen für Industrie und Mittelstand wie einen massiven Ausbau erneuerbarer Energien, wettbewerbsfähige Energiepreise, Versorgungssicherheit mit Strom und Wärme sowie schnelle und unbürokratische Genehmigungsverfahren sicherstellen«). Beide Zitate stammen aus dem Koalitionsvertrag der Berliner Ampelkoalition.

Im zweiten Zitat sind hier drei Wörter bewusst kursiv gesetzt, also optisch vom Text hervorgehoben, weil es die entscheidenden sind:

- Beim flüchtigen Lesen kann der Eindruck entstehen, als habe sich die Koalition das Ziel der CO_2-Neutralität des Industriestandorts gesetzt – tatsächlich *sieht* sie dies jedoch nur als große Chance.
- Neue Geschäftsmodelle und Technologien werden nicht konkret in Aussicht gestellt, es wird nur nüchtern festgestellt, dass sie Wohlstand und gute Arbeit schaffen *können*.
- Auch schnelle und unbürokratische Genehmigungsverfahren werden im letzten Satz nicht fest zugesagt, es wird nur beschrieben, was geschehen könnte, *wenn* die Koalition das tun würde.

Betrachten Sie diese Zitate bitte nicht als Kritik an den Koalitionären des derzeitigen Dreierbündnisses, mit großer Sicherheit könnte man bei gründlichen Recherchen in allen jemals geschlossenen Koalitionsverträgen ähnliche Formulierungen finden. Was die Sache nicht besser macht.

Daneben gibt es Kalauer, die ebenfalls in jeder Partei beheimatet sein könnten, die aber bei wortgetreuer Auslegung nur begrenzt lustig sind. Einer der beliebtesten dürfte sein:

»Sachfragen sind wichtiger als Personalfragen! Die wichtigste Sachfrage lautet: Was wird aus mir?« Zugegeben, das ist ein Uralt-Kalauer, der allerdings bis heute nichts an Aktualität und Relevanz eingebüßt hat!

Unvergessen der Auftritt von Heide Simonis (SPD), der damaligen Ministerpräsidentin von Schleswig-Holstein, in der Sendung von Reinhold Beckmann am 21. Februar 2005. Bei der dortigen Landtagswahl, einen Tag zuvor, war die CDU wieder stärkste politische Kraft geworden. Sie hatte 1,5 Prozentpunkte mehr erzielt als die SPD der damals noch amtierenden Ministerpräsidentin Simonis. Es war höchst ungewiss, welche Koalitionen sich würden bilden können.

Auf die naheliegende und daher zu erwartende Frage: »Warum bilden Sie keine Große Koalition?« reagierte Heide Simonis mit herzerfrischender Offenheit: »Und wo bleibe ich?« Gute Frage, denn dann wäre nicht sie, sondern CDU-Spitzenmann Peter Harry Carstensen MP geworden. In wenigen Sekunden war klar: Heide Simonis denkt beim Thema Koalition nicht in erster Linie an das Wohl des Landes, sondern an sich. So viel Ehrlichkeit ist selten. Allerdings: Die Parteien stehen ohnehin unter dem latenten Generalverdacht, dass vielen – viel zu vielen – im Zweifel die eigene politische Karriere wichtiger ist als das Wohl des Landes oder der Partei, wichtiger als Sachfragen ohnehin. Anders formuliert: Dieses gängige Vorurteil hat Heide Simonis mit wenigen Worten überzeugend bestätigt.

Heute wissen wir: Peter Harry Carstensen ist kurze Zeit später doch Ministerpräsident geworden und blieb es bis 2012 – und Heide Simonis wurde immerhin Ehrenbürgerin von Schleswig-Holstein. Glückwunsch!

Selten hat eine politische Führungspersönlichkeit die eigenen Ambitionen so offen vor das Wohl des Landes gestellt.

Fast wäre man geneigt zu sagen: »Die war wenigstens ehrlich!« Es bliebe allerdings der unangenehme Nachgeschmack, dass es genau *das* ist, was viele von der Politik fernhält: Zu viel *Ich*, zu wenig *Wir.*

Das werden sich auch viele Bürgerinnen und Bürger gedacht haben, als sie zum Jahreswechsel 2020/21 über Monate hinweg das Gerangel zwischen Armin Laschet (CDU) und Markus Söder (CSU) einerseits und CDU und CSU andererseits um die Kanzlerkandidatur der Union bestaunen durften.

Interessanterweise hat dabei die Frage »Wer von beiden hat die besseren Chancen?« kaum eine Rolle gespielt. Viel wichtiger war die Frage, ob der Kandidat aus den Reihen der CDU oder von der Schwesterpartei kommt. Natürlich passte auch damals zwischen die C-Parteien »kein Blatt Papier« – unklar war nur, ob damit das Hoch- oder das Querformat gemeint war.

Da es – übrigens bis heute – keine zwischen den Schwesterparteien fest vereinbarte Regelung für die Entscheidungsfindung gibt und beide Seiten auf ihren jeweiligen Vorsitzenden beharrten, lag es nahe, die gemeinsame Bundestagsfraktion entscheiden zu lassen. So war es auch 1979 beim unionsinternen Wettstreit zwischen Ernst Albrecht (CDU) und Franz Josef Strauß (CSU), der damals zugunsten von Strauß entschieden wurde. Detail am Rande: Strauß holte damals für die Union mit 44,5 Prozent der Stimmen 1,6 Prozentpunkte mehr als die SPD mit ihrem populären Kanzler Helmut Schmidt.

Auch diesmal war wohl eher der CSU-Vorsitzende der Favorit der Fraktion, auch in den Reihen der CDU-Abgeordneten. Aus diesem Grund hatte die CDU ja auch kein Interesse daran, die Fraktion entscheiden zu lassen.

Zwar lag Markus Söder sowohl in Umfragen bei der Gesamtbevölkerung als auch bei den Umfragen nur unter Anhängern der Union deutlich vor Armin Laschet, aber viele Spitzenleute der CDU dachten wohl: Wo kommen wir denn da hin, wenn wir die Bevölkerung oder die Parteibasis entscheiden lassen, mit wem wir an der Spitze in den Wahlkampf ziehen? Heute wissen wir es.

Damit kein Missverständnis aufkommt: Natürlich ist es keineswegs sicher, dass die Union mit Markus Söder als Kanzlerkandidat die Wahl gewonnen hätte – das kann niemand beweisen. Wahrscheinlich hätte die Union im Wahlkampf aufgrund der guten Ausgangswerte für Söder den besseren Start gehabt, aber vielleicht auch ganz andere Probleme, die uns erspart geblieben sind. Alles rein spekulativ und Schnee von vorgestern. Aber sich abzukoppeln von dem, was in weiten Teilen der Bevölkerung und an der Parteibasis gedacht wird, ist mit Sicherheit auch kein Erfolgsrezept.

Das gilt in gleicher Weise auch für das Thema Parteivorsitz der CDU. Zugegeben, eine repräsentative innerparteiliche Umfrage habe ich nie durchgeführt. Aber wer auch nur einen halbwegs gut funktionierenden Kontakt zur Parteibasis hatte, der muss doch gespürt haben, dass dort Friedrich Merz der eindeutige Favorit war. Auch schon im Vorfeld des CDU-Bundesparteitags im Dezember 2018 in Hamburg. Schon damals gaben sich nicht wenige führende Repräsentanten der CDU alle Mühe, Merz zu verhindern. O-Ton von Norbert Blüm im Deutschlandfunk: »Wollen wir vorwärts nach Europa, oder wollen wir zurück zum Nationalismus?« Übersetzt in Klartext: Friedrich Merz ist ein Nationalist, also ein Anti-Europäer! Punkt. Aus. Ende. Vorsitzende wurde dann Annegret Kramp-Karrenbauer.

Dass sie damals gewählt wurde, ist allerdings keine Sensation, denn der Bundesparteitag der CDU spiegelt nicht den

Querschnitt der Partei wider, dort versammeln sich überdurchschnittlich viele Funktions- und Mandatsträger der Partei. Bei der CSU ist das etwas anders.

Ein erneuter Führungswechsel ließ allerdings nicht lange auf sich warten. Auf dem ersten digitalen Parteitag der CDU am 16. Januar 2021 trat Armin Laschet Kramp-Karrenbauers Nachfolge an. Erneut hatte Friedrich Merz das Nachsehen. Und schon wieder wurde der Rückfall in den dumpfen Nationalismus, den Norbert Blüm so wortgewaltig befürchtet hatte, erfolgreich abgewehrt. Erleichterung überall! Fast überall. An der Spitze tatsächlich, aber nicht an der Basis. Dort blieb Merz der Favorit.

Es folgte wenige Monate später das enttäuschende Unionsergebnis bei der Bundestagswahl – und schon sah die Welt mal wieder ganz anders aus. Irgendwie muss es sich bis an die Spitze der CDU-Parteizentrale herumgesprochen haben, dass es vielleicht doch nicht unklug wäre, einmal die ganze Partei zu Wort kommen zu lassen. Trotz der respektablen Gegenkandidaten Helge Braun und Norbert Röttgen, immerhin beide Bundesminister a. D., erreichte Merz mit 62,1 Prozent die absolute Mehrheit mehr als deutlich und auf dem nachfolgenden Parteitag sogar mit 94,6 Prozent ein echtes Traumergebnis.

In diesen Tagen des erneuten Wechsels habe ich Bilder gesehen, die mich zutiefst gerührt haben. Ich bin auch heute noch erstaunt, wen ich damals nur wenige Stunden nach der Entscheidung auf Bildern und Filmen gesehen habe, vereint in tiefer Verbundenheit mit dem neuen Chef. Ist es nicht wunderschön, dass sich durch ein einziges Wahlergebnis eine lange Zeit der Abneigung vor den Augen der Welt in deutlich erkennbare Zuneigung verwandeln kann? Hier entfaltete die ansonsten so kaltherzige Politik einen bislang unbekannten, fast schon romantischen Zauber. Zum Augenblick sagte ich: »Verweile doch, du bist so schön!«

Oder war es nicht doch eher pragmatischer Opportunismus, der sich hier Bahn brach? Jedenfalls hat der Rückfall in den dumpfen Nationalismus bis zur Stunde nicht stattgefunden – und er wird auch nicht stattfinden.

So oder so. Eine Parteiführung ist gut beraten, sich nicht allzu weit von der Basis zu entfernen. Und alle Parteien sollten sich regelmäßig kritisch fragen, ob das, was innerhalb der Partei diskutiert wird, mit dem kompatibel ist, was die Menschen im Lande in ihrem Alltag bewegt. Was für sie wichtig ist. Entscheidend ist immer noch, was *sie* bewegt, nicht das, was den Parteien wichtig erscheint. Wenn viele Bürgerinnen und Bürger das Gefühl haben, dass sie mit ihren ganz alltäglichen Sorgen, Hoffnungen und Erwartungen nicht mehr durchdringen, »oben« nicht mehr gehört werden, dann wird die Distanz zwischen Wählern und Gewählten immer größer. Und die ist heute schon viel zu groß.

Framing & Wording – auf den Rahmen kommt es an. Angeblich!

—

Das Wichtigste in der Kunst ist der Rahmen.

Frank Zappa

Mitte Juli 2021, zum Zeitpunkt der Flutkatastrophe, die das Ahrtal in besonders katastrophaler Weise heimgesucht hatte, war Anne Spiegel (Bündnis 90 / Die Grünen) Umweltministerin des Landes Rheinland-Pfalz. Später wurde sie dann im Kabinett Scholz Bundesministerin für Familie, Senioren, Frauen und Jugend.

Monatelang beschäftigte sich im Mainzer Landtag ein Untersuchungsausschuss mit dem Krisenmanagement der dortigen Landesregierung und aller Behörden und Institutionen, die für die Verhinderung und Bewältigung von Naturkatastrophen in diesem Bundesland zuständig und folglich auch verantwortlich sind.

Dort wurde Frau Spiegel nicht nur mit einer katastrophal falschen Lageeinschätzung ihres Ministeriums konfrontiert (»Wir nehmen die Lage ernst, auch wenn *kein* Extremhochwasser droht«), sondern auch mit dem Vorwurf, ausgerechnet zum Höhepunkt der Krise falsche Prioritäten gesetzt zu haben. Anstatt alles dafür zu tun, um den vom Hochwasser bedrohten Menschen sofort jede erdenkliche Hilfe zukommen zu lassen, habe sie sich vor allem um ihr Image gesorgt. Aber kann es denn sein, dass sie sich selber wichtiger nahm als das Schicksal der Menschen im Ahrtal?

Neben der ebenso frag- wie aufklärungsbedürftigen Freizeitgestaltung der Ministerin ausgerechnet in der Katastrophennacht interessierte sich der Ausschuss auch für den Kurznachrichtendialog zwischen ihr und dem früheren Vizeregierungssprecher Dietmar Brück. Dieser unterbreitete damals gleich mehrere Vorschläge, wie sich die Ministerin mit Terminen an der Ahr als Krisenbewältigerin in Szene setzen könne. Originalzitat: »Anne braucht eine glaubwürdige Rolle!«

Allein schon diese Formulierung macht hellhörig, denn seit wann sollen Kabinettsmitglieder eine »Rolle« spielen? Sie sind doch keine Schauspielerinnen und Schauspieler, die nach Drehbuch und Regieanweisung mal diese, mal jene Person verkörpern. Die »Rolle« ist die Leitung des Ministeriums und die möglichst optimale Übernahme und Ausübung der damit verbundenen politischen Verantwortung.

Aber auch die Kommunikation der Ministerin ist pikant: »Das Blame game könnte sofort losgehen. Wir brauchen ein Wording, dass wir rechtzeitig gewarnt haben, wir alle Daten immer transparent gemacht haben, ich im Kabinett gewarnt habe, was ohne unsere Präventionsmaßnahmen und Vorsorgemaßnahmen alles noch schlimmer geworden wäre etc.« Bei diesem Satz ist nicht nur unklar, worin die Ministerin eigentlich den genauen Unterschied zwischen Prävention und Vorsorge sieht? Das aber nur am Rande. Bei der Freigabe einer Pressemitteilung ihres Hauses kam Spiegel dann noch zu einem – für *sie* – ganz wichtigen Punkt: »Bitte gendern. Ansonsten Freigabe!« Eine ungegenderte Pressemitteilung hätte Frau Spiegel in ihrer Partei vermutlich viel mehr Probleme bereitet als defizitäres Krisenmanagement.

Mit der Formulierung »Blame game« war gemeint: Sollte sich später herausstellen, dass es bei den Präventions- und / oder Krisenbewältigungsmaßnahmen Fehler und Versäumnisse gab, dann muss von Anfang an klar sein, dass jedenfalls Frau Ministerin Spiegel keine Schuld trifft.

Und genau *so* stellen sich viele Bürgerinnen und Bürger das Innenleben des Politikbetriebs vor: Dort seien zu viele damit beschäftigt, an ihrer Karriereleiter zu basteln. Sie würden virtuos mit wohlfeilen Worten und beeindruckenden Gesten an ihrem Image arbeiten, und wenn es einmal eng wird, gingen sie wahlweise auf Tauchstation oder würden anderen die Schuld für Fehler zuschreiben. Gerade weil sich dieses Urteil hartnäckig hält und bei den meisten politischen Führungskräften *nicht* zutreffen dürfte, müsste die Politik eigentlich alles vermeiden, was diesen Eindruck erzeugt oder sogar noch verstärkt.

Thomas Meyer, emeritierter Professor für Politikwissenschaften an der Universität Dortmund, schrieb im Magazin des Rotary Clubs kürzlich zu diesem Thema: »Die Herstellung und Darstellung des Politischen passen nicht mehr recht zusammen, man fühlt sich getäuscht. (…) In dieser Not greift die Politik mithilfe der Medien gern zu bewährten Inszenierungen, damit wenigstens in den Köpfen der Bürger ein positives Bild entsteht. Dazu gehören vor allem das sogenannte ›Framing‹, die unbewusste Vorprägung der Wahrnehmung von Ereignissen durch ihre kalkulierte sprachliche Einrahmung, und die

Inszenierung von Scheinereignissen. Für Letzteres scheint der Klimagipfel von Glasgow wieder zum Paradebeispiel zu werden, mit der Tendenz, dass die unbeirrte Durchführung dieser hochaufwendigen Veranstaltung mit den Auftritten der großen politischen Prominenz schon ihrerseits als Haupterfolgsmeldung in Szene gesetzt wird. Das kostet Vertrauen.«

Wer könnte hier aus voller Überzeugung widersprechen?

Wer erinnert sich nicht an das vollmundige Versprechen des damaligen Bundesumweltministers Jürgen Trittin (Bündnis 90 / Die Grünen), der am 30. April 2004 in einer Pressemitteilung seines Hauses tatsächlich verkünden ließ: »Es bleibt dabei, dass die Förderung der erneuerbaren Energien einen durchschnittlichen Haushalt nur rund 1 Euro im Monat kostet – so viel wie eine Kugel Eis!«

Nur wenige Jahre später war klar, dass diese Zusage absoluter Stuss war, denn die Kugel wurde größer und größer, folglich auch ihr Preis. Heute liegt Deutschland mit seinen Energiepreisen weltweit an der Spitze. Gegenüber dem Bezugsjahr 2006 war der Strompreis 2021 im Durchschnitt mehr als 63 Prozent gestiegen.

Immerhin ist es der Politik gelungen, dem Begriff erneuerbare Energien eine beachtenswert positive Bedeutung zukommen zu lassen – obwohl er sachlich falsch ist. Energie, die verbraucht wurde, lässt sich nicht erneuern, sie bleibt verbraucht. Recyceln lässt sie sich nicht. Gemeint sind hier solche Energien, deren Quellen (!) sich immer wieder kurzfristig erneuern und deren Nutzung nicht zur Erschöpfung der Quellen führt. Ein kleiner, aber feiner Unterschied. Für diese Energieformen wird auch gerne mit folgendem, wunderschönem Satz geworben: »Sonne und Wind schicken keine Rechnung« – und das stimmt sogar! Diese kommt dann allerdings mit unschöner

Regelmäßigkeit von den Energieversorgern, und deren Endsumme wird dummerweise immer größer, nicht kleiner.

Fazit: Wenn das »Wording« stimmt, wenn es eine positive Konnotation hat und inhaltlich von der Öffentlichkeit und den Medien nicht weiter hinterfragt wird, dann setzen sich bestimmte Begriffe im kollektiven Gedächtnis unausrottbar fest.

Das gilt leider auch für Begriffe mit negativem Beigeschmack, wenn das »Wording« genau das Ziel verfolgt, eine an sich gute oder harmlose Sache zu diskreditieren. Der Klassiker ist hier der berühmt-berüchtigte »Nacktscanner« zur Personenkontrolle an Flughäfen. Wer zuckt bei diesem Wort nicht zusammen? Wer möchte sich schon an den Kontrollspuren unfreiwillig durch Technik splitterfasernackt abbilden lassen? Skandal! Zwar hat das Wort »nackt« mit den modernen Körperscannern an unseren großen Verkehrsflughäfen so wenig zu tun wie der DJK-SSV Ommerborn-Sand e.V. mit der Champions League, aber wer dieses Projekt zur Erhöhung der Luftsicherheit aus was weiß ich für Gründen kategorisch ablehnt, der sucht dann verzweifelt nach einem negativ besetzten Begriff, um die Öffentlichkeit auf seine Seite zu ziehen. Und da das Wort »Nacktscanner« zweifellos Verhetzungspotenzial hat, wurde es von vielen Medien dankbar aufgegriffen und verbreitet.

Der Sachverhalt in aller Nüchternheit: Der bis dahin herkömmliche Sicherheitscheck der Passagiere erfolgte an den Kontrollspuren mittels Torsonde und – bei Bedarf – nachfolgend noch per Handsonde und Abtasten. Das Problem dabei: Nichtmetallische Tatwerkzeuge wie beispielsweise Messer aus Keramik waren auf diese Weise kaum zu erkennen. Diese Sicherheitslücke sollte durch die Nutzung einer neuen Technologie geschlossen werden.

Im Rahmen einer Delegationsreise des Bundestagsinnenausschusses in die USA wollten wir uns über die dort angewandte Technologie im praktischen Betrieb informieren. Bei dem dort genutzten Verfahren wurde von den Passagieren tatsächlich eine Art Röntgenbild angefertigt. Zwar war die konkrete Person nicht zu identifizieren, aber es wurde eine körperliche Silhouette abgebildet. Wegen der Sensibilität dieses Ergebnisses saß die Kontrollperson mit ihrem Monitor abseits in einem geschlossenen Raum, konnte also die Passagiere nicht sehen – aber bei Bedarf die Kontrollkraft am Band elektronisch informieren. Sehr schnell waren wir uns fraktionsübergreifend einig, dass wir diese Technologie in Deutschland *nicht* einsetzen wollten. Dennoch war fortan immer nur noch vom »Nacktscanner« die Rede. Sowohl seitens der Kritiker als auch in den Medien, vermutlich weil das Stichwort »Nacktscanner« viel mehr Klicks generiert als das langweilige, aber sachlich richtige Wort »Körperscanner«.

Doch selbst als längst entschieden war, dass nur eine solche Technik zum Einsatz kommen würde, bei der kein »Röntgenbild«, sondern nur Strichmännchen oder Piktogramme Verwendung finden würden – und zwar immer die gleichen, ohne Rückschlussmöglichkeit auf bestimmte Personen –, gingen die Proteste gegen den »Nacktscanner« munter weiter. Jedenfalls im politischen Betrieb, während bei einigen Probeläufen an Flughäfen die Passagiere Schlange standen, um die neue Technik auszuprobieren.

In meinem langen politischen Leben habe ich sehr viele und sehr unterschiedliche Erfahrungen sammeln können. Das gilt auch für meine Erfahrungen im Umgang mit den Medien. Die meisten Journalistinnen und Journalisten waren fair, berichteten sachlich und waren an den relevanten Themen tatsächlich ernsthaft interessiert. Gelegentlich hatte ich allerdings das ungute Gefühl, dass der Artikel oder der TV-Bericht eigentlich schon fertig war, dass man sich also nur noch pro forma ein Zitat oder einen O-Ton abholen wollte. Motto: Aber kommen Sie uns jetzt bitte nicht mit Zahlen oder Fakten, die die ganze Geschichte zu Fall bringen könnten. Der Bericht ist doch schon so gut wie fertig …

Unvergessen ist mir in diesem Zusammenhang eine Kontroverse mit einem bekannten TV-Nachrichtenkanal, der mich um ein Interview zum Thema »Nacktscanner« gebeten hatte. Ich hatte sofort dankend abgelehnt mit dem Hinweis darauf, dass hier niemand die Absicht habe, derartige Scanner zu installieren. Na gut. Ob ich denn zum Thema Körperscanner etwas sagen könne? Aber gerne, kein Problem!

Dieses Interview sollte in Bonn geführt werden, direkt gegenüber dem »Langen Eugen«, dem Abgeordnetenhaus der Bonner Republik. Die Journalistin brachte sich mit ihrem Team in Stellung und los ging es: »Warum sollen an deutschen Flughäfen diese ›Nacktscanner‹ installiert werden?«

Falsche Frage, Abbruch, hin und her und eine längere Fachdebatte mit der Dame, bis sie endlich bereit war, den Begriff Körperscanner zu benutzen. Von da an lief es prima. Bis zur Ausstrahlung des Beitrags. In der Anmoderation war natürlich, wie hätte es auch anders sein können, wieder von »Nacktscannern« die Rede. Übrigens sind diese mittlerweile an allen großen Flughäfen Standard, haben sich längst bewährt, und nach wie vor ist das einzig Nackte das Gerät selbst. Ob wir uns das ganze Drama hätten sparen können, wenn wir ein paar zierliche Gardinen davorgehängt hätten?

Es ist nicht immer nur die Politik, die mit falschem oder zumindest fragwürdigem »Wording« Politikverdruss schürt.

Beim »Framing« und »Wording« tragen auch die Medien eine große Verantwortung dafür, dass durch die Verwendung falscher, irreführender Begriffe in den Köpfen des Publikums keine völlig falschen Bilder entstehen und die Wirklichkeit nicht verzerrt dargestellt wird. Denn vertrauensbildend ist das alles nicht.

Worauf Sie sich verlassen können!

—

Die Altersvorsorge entwickelt sich
zur Sorge vor dem Alter.

Hans-Jürgen Quadbeck-Seeger

Die Rente ist sicher! Kein Land haftet für die Schulden eines anderen Landes! Eine Impfpflicht wird es in Deutschland nicht geben!

Wer kennt diese Versprechen nicht? Drei Klassiker der politischen Kommunikation, die trotz ganz unterschiedlicher Themen eines gemeinsam haben: Den Kritikern der Renten-, Euro- oder Coronapolitik soll mit ebenso kernigen wie einprägsamen Sätzen der Wind aus den Segeln genommen werden. Schluss mit der ewigen Nörgelei! Was die Kritiker behaupten, ist falsch, und die Regierung garantiert, dass die geäußerten Bedenken und Befürchtungen jeder Grundlage entbehren. Worauf Sie sich verlassen können!

Und wenn dann alles anders kommt, dann ist es natürlich nicht so, dass Versprechungen gemacht wurden, die einfach nicht haltbar waren, dann haben sich halt die Rahmenbedingungen verändert! Jetzt sei die Lage eine völlig andere als zum Zeitpunkt der Ankündigungen, jetzt müsse »neu nachgedacht werden«. Und wer kann schon etwas gegen »neues Denken« haben?

Die früheren Zusagen sind natürlich *nicht* leichtfertig gemacht worden, ganz im Gegenteil, und schon der bloße Hinweis darauf, dass früher alles ganz anders klang, gilt als Beleg dafür, dass die Kritiker leider nicht in der Lage sind, die »Alternativlosigkeit« des Kurswechsels zu verstehen. Richtig ist: Nur die Wahrheit ist alternativlos. Sachliche Alternativen gibt es immer. Die Frage ist nur, welche Alternative die beste ist, und darüber darf in einer Demokratie ruhig auch einmal kontrovers diskutiert werden. Wer gute Argumente hat, muss keine Debatte scheuen.

Nobert Blüm war ein engagierter Sozialpolitiker und ein wunderbarer Mensch! Er hatte viel Sachverstand, Herz und Humor und die seltene Gabe, komplizierte Sachverhalte so zu erklären, dass auch der Laie sie gut verstehen konnte. Und nicht zuletzt hatte er immer ein Herz für den viel zitierten »kleinen Mann«, der meiner Überzeugung nach alles andere als »klein« ist, denn dessen Fleiß gehört untrennbar zum Rückgrat unserer außerordentlich leistungsfähigen Volkswirtschaft.

Nach dem Volksschulabschluss erlernte Norbert Blüm bei der Adam Opel AG den Beruf des Werkzeugmachers, und er war jahrzehntelang Mitglied der IG Metall. Sein Abitur erwarb er auf dem zweiten Bildungsweg und studierte anschließend Philosophie, Germanistik, Geschichte und Theologie. 70 Jahre lang war er Mitglied der CDU, fast drei Jahrzehnte Abgeordneter des Deutschen Bundestages und als einziger (!) Minister gehörte er als Bundesminister für Arbeit und Sozialordnung allen Kabinetten von Kanzler Helmut Kohl an. Neben der von ihm ins Leben gerufenen Pflegeversicherung wird vor allem sein Satz »Die Rente ist sicher!« in Erinnerung bleiben. Viele erinnern sich auch noch heute an das berühmte Bild aus dem Jahr 1986, als Nobert Blüm, bewaffnet mit Pinsel und Kleistereimer, höchstselbst plakatierte: »Die Rente ist sicher!« Kein Zweifel, der Mann wusste, wie politische Kommunikation erfolgen muss.

Das Problem dabei war – und ist immer noch – die Ambivalenz dieses Satzes, denn er kann ganz unterschiedlich interpretiert werden.

Wenn gemeint war: Machen Sie sich keine Sorgen, sofern Sie im Alter die gesetzlichen Voraussetzungen zum Rentenbezug erfüllt haben, dann werden Sie auch in Zukunft eine Altersrente (in irgendeiner Höhe) erhalten – dann hat Nobert Blüm recht behalten. Denn bis heute haben die Rentenversicherungen noch nie mitgeteilt: »Sie haben zwar einen Anspruch, aber mangels ausreichender Mittel können wir diesen leider nicht erfüllen«, und das wird auch in Zukunft nicht passieren. Darauf kann man sich *wirklich* verlassen.

Allerdings werden die allermeisten diesen Satz ganz anders verstanden haben, und zwar so: Unser derzeitiges Rentenrecht ist absolut zukunftsfest. Korrekturen zum Nachteil der Rentnerinnen und Rentner sind nicht notwendig. Auch das aktuelle Rentenniveau muss nicht verändert, folgerichtig auch nicht gesenkt werden. Machen Sie sich deshalb bitte keine Sorgen!

Wer den Satz *so* verstanden hat, wird seit 1986 mit trauriger Regelmäßigkeit enttäuscht, denn in kaum einem anderen Bereich der Sozialgesetzgebung hat es derart viele Korrekturen gegeben wie im Rentenrecht. Zur Stabilität des gesamten Systems hat es diese auch geben müssen. Auch das sogenannte Standard-Rentenniveau konnte nicht gehalten werden. Vor

20 Jahren lag das Bruttoniveau noch bei 48,3 Prozent, vor vier Jahren bei nur noch 45 Prozent. Als Norbert Blüm den Pinsel schwang, lag der Beitragssatz bei 19,2 Prozent. Ohne weitere Korrekturen oder einen noch höheren Zuschuss aus der Bundeskasse dürfte er 2025 bei 20 Prozent liegen und schon fünf Jahre später bei 22 Prozent. Hinzu kommt die erhebliche Erhöhung des regulären Renteneintrittsalters von ehemals 65 Jahren in vielen Zwischenschritten auf demnächst 67 Jahre. Wer sich darüber beklagt, möge bitte Folgendes bedenken: Das reguläre Renteneintrittsalter von 65 Jahren gibt es schon seit 1916. Damals regierte noch Kaiser Wilhelm II. und die durchschnittliche Lebenserwartung lag deutlich *unter* 65 Jahren. Bei der Gründung der Rentenversicherung unter Bismarck im Jahre 1889 wurde das Renteneintrittsalter auf 70 Jahre festgelegt – ein für das Ende des 19. Jahrhunderts biblisch hohes Alter.

Eine besondere Belastung für die Rentenkassen ist ein in jeder Hinsicht erfreulicher Umstand: die immer länger werdende Rentenbezugsdauer. Darüber entscheidet allerdings nicht der Deutsche Bundestag, sondern der liebe Gott. In Deutschland lag die durchschnittliche Rentenbezugsdauer 2020 bei 20,2 Jahren – eine glatte Verdoppelung gegenüber den Sechzigerjahren des vergangenen Jahrhunderts. Hinzu kommt die demografische Entwicklung unseres Landes mit einer sich immer weiter verändernden Relation von Beitragszahlern zu Rentenempfängern. Und: Die geburtenstarken Jahrgänge werden schon in aller Kürze zu einer erheblichen Zunahme von Rentenbeziehern führen.

Ergebnis: Ja, auch in Zukunft wird die soziale Rentenversicherung mit großer Zuverlässigkeit die Renten überweisen. Aber die Rahmenbedingungen (Beitragssätze, Rentenniveau, reguläres Renteneintrittsalter, Höhe des Bundeszuschusses) werden sich ändern. Vielleicht nicht alle Faktoren, einige aber ganz gewiss. Wenn immer mehr ehemals Erwerbstätige eine Rente beziehen und deren Bezugsdauer – erfreulicherweise – immer länger wird, dann wird es Korrekturen geben müssen. Denn der Versuch, gegen die Mathematik Politik zu machen, wird nicht von Erfolg gekrönt sein.

Deshalb: Liebe Politik, bitte keine neuen Versprechungen, die sich nach Lage der Dinge nicht halten lassen. Wenn doch, wird die Enttäuschung umso größer sein. Denn die Rente ist *keine* staatliche Sozialleistung, deren Höhe von der Kassenlage abhängig gemacht werden soll. Die Höhe der Rente soll der Lebensarbeitsleistung, der Höhe und Länge der Beitragszahlungen entsprechen. Sie ist zuvor von der Empfängerin oder dem Empfänger erarbeitet worden.

Die Politik sollte sich stattdessen intensiver als bislang mit der Wirklichkeit am Ende eines arbeitsreichen Lebens beschäftigen: Es gibt Arbeitnehmerinnen und Arbeitnehmer, die Mitte sechzig, volkstümlich formuliert, einfach am Ende ihrer Kraft sind. Vielleicht weil sie jahrzehntelang harte körperliche Arbeit verrichten mussten, Schichtarbeit geleistet haben oder in ihren Berufen nicht nur physisch, sondern auch psychisch enorm belastet wurden. Dann lässt man gerne los und freut sich auf den Ruhestand. Andere sind mit 65 oder 67 Jahren noch fit und würden gerne »noch ein paar Jährchen dranhängen«, und vielleicht ist auch der Arbeitgeber froh, wenn er noch einige Zeit von der Erfahrung seiner Angestellten im vorgerückten Alter profitieren kann. Es mag sein, dass die Jungen schneller laufen – aber die Älteren kennen die Abkürzungen! Natürlich müssten Arbeitnehmer wie Arbeitgeber den gemeinsamen Willen haben, das Arbeitsverhältnis für einen begrenzten Zeitraum fortzusetzen, denn auch der Arbeitgeber braucht

Planungssicherheit. Und es wäre zu klären, welchen Einfluss die Fortsetzung des Arbeitsverhältnisses auf Beitragshöhe und/oder spätere Rentenhöhe haben soll. Das Arbeitsrecht müsste mit dem Sozialrecht synchronisiert werden.

Kompliziert? Mag sein. Aber eine unlösbare Aufgabe ist es ganz gewiss nicht. Und etwas mehr Flexibilität wäre unhaltbaren Zusagen allemal vorzuziehen.

In der Euro-Politik war von Anfang an klar: Wenn zunächst zehn, dann elf und heute 19 Staaten mit einer ganz unterschiedlichen Größe, Wirtschaftskraft, Wettbewerbsfähigkeit und finanziellen Stabilitätskultur unter einer Währung vereint werden, dann ist die Gefahr groß, dass aus dieser Währungsunion über kurz oder lang zunächst eine Haftungs- und dann eine Transferunion werden wird. Diese Sorgen hatten nicht nur irgendwelche Antieuropäer mit einem schrägen Geschichtsverständnis und einem defekten politischen Kompass, sondern auch namhafte Ökonomen und Finanzexperten, deren Sorgen die Politik nicht einfach vom Tisch wischen konnte.

Nein, die Politik selber muss diese Sorgen ernst nehmen und teilen, denn ansonsten hätte man ja keine »Stabilitätskriterien« vereinbaren müssen. Wer ganz sicher ist, dass die Gemeinschaftswährung niemals in Turbulenzen geraten oder die finanzielle Situation von Mitgliedsländern in Schieflage bringen kann, der braucht keine Verträge, die genau das ausschließen sollen. Vor dem, was es (angeblich) niemals geben kann, muss man sich nicht besonders schützen. Vor allem aber sollten diese Stabilitätskriterien den Kritikern des Euro den argumentativen Wind aus den Segeln nehmen und die Euro-Akzeptanz in der Bevölkerung erhöhen.

»Muss Deutschland für die Schulden anderer Länder aufkommen? Ein ganz klares Nein!« Mit diesen Worten warb die

CDU Deutschlands im Wahlkampf 1988 für die Einführung des Euro. Denn: Der Vertrag von Maastricht verbiete, dass die Euro-Mitgliedstaaten für die Schulden eines anderen Landes hafteten.

Doch dann kam die Eurokrise der Jahre 2010/11, die im Grunde keine Krise des Euro – die Währung war weiterhin stabil –, sondern eine Staatsschuldenkrise war. Schwerpunktmäßig in Griechenland, aber auch in anderen Ländern der südlichen Eurozone. Und schon war die Welt eine ganz andere – und die politische Argumentation und Kommunikation der Regierung auch!

Wer in der Union damals mit den Stabilitätskriterien von Maastricht oder den Zusagen der eigenen Partei bei Einführung des Euro argumentierte, fand sich auf einmal wider Willen in der antieuropäischen Ecke wieder. Plötzlich waren diejenigen auf dem richtigen Kurs, die genau das Gegenteil von dem wollten, was den Bürgerinnen und Bürgern zuvor versprochen worden war.

Interessantes Detail am Rande: 2010, zu Beginn der Krise, hatte Griechenland Staatsschulden in Höhe von etwa 330 Milliarden Euro. Heute, nach einem voluminösen Schuldenschnitt und zahlreichen Hilfspaketen, hat das Land Verbindlichkeiten von etwa 370 Milliarden Euro. Problem gelöst?

Wenn ich damals gefragt habe, wieso man glaubt, dass eine Krise, die durch Überschuldung entstanden ist, durch neue, immer höhere Kredite dauerhaft gelöst werden könne, lautete die häufigste Gegenfrage: »Was haben Sie eigentlich gegen Frau Merkel?« Das sind Momente, in denen man nicht so recht weiß, ob man lachen oder weinen soll. Empfunden habe ich die Frage als eine Art Funkspruch von der MS Niveau: Hilfe, wir sinken! Obwohl auch mir natürlich klar ist, dass es nüchterne Sachargumente in der Politik oft sehr schwer haben, und damit gegen Emotionen anzutreten ist in vielen Fällen aussichtslos.

Ein ähnliches Erlebnis hatte ich vor einigen Jahren in einer kleinen Gemeinde im Nordosten von Brandenburg, unmittelbar an der Oder gelegen, im deutsch-polnischen Grenzgebiet. Nach dem Fall der Mauer und des Eisernen Vorhangs sowie der EU-Osterweiterung waren (auch) dort die Eigentumsdelikte deutlich angestiegen. Wohnungseinbrüche, Diebstähle von Kfz und Arbeitsgeräten, das gesamte Programm. Hilfe suchend wandte sich die Gemeinde an mich als den damaligen Vorsitzenden des Innenausschusses, und ich habe gerne zugesagt, an einer Bürgerversammlung vor Ort teilzunehmen. Eine denkwürdige Veranstaltung. Zahlreiche Besucherinnen und Besucher schilderten in bewegten Worten ihre Probleme mit der zunehmenden Eigentumskriminalität und forderten – verständlicherweise – einen besseren Schutz durch die Polizei des Bundes und des Landes. Die alte, undurchlässige Grenze wünschte sich allerdings niemand zurück.

Veranstaltung zu Ende. Frage einer jungen Reporterin, ob ich noch Zeit für ein kurzes Radiointerview hätte? Aber gerne! Erste Frage: »Warum haben Sie etwas gegen offene Grenzen?« Ich dachte, ich höre nicht richtig. Kurze Antwort: »Ich habe nichts gegen offene Grenzen, ich habe etwas gegen Kriminelle.« Interview beendet. Warum fällt es vielen Journalistinnen und Journalisten so schwer, ohne Unterstellungen auszukommen, vor allem ohne völlig haltlose? Warum nicht einfach ganz nüchtern, ganz sachlich fragen?

Schon kurz nach dem Ausbruch der Coronapandemie wurde auch in Deutschland der Verdacht geäußert, dass der Staat an einer Impf*pflicht* arbeite. Heimlich, still und leise. Das allerdings wurde von der Politik sofort und sehr energisch dementiert.

Der damalige Bundesgesundheitsminister Jens Spahn gab am 18. Oktober 2020 vor dem Bundestagsplenum zu Protokoll: »Ich gebe Ihnen mein Wort, es wird in dieser Pandemie keine Impfpflicht geben!« Später legte er per Facebook nach: »Es wird keine Impfpflicht geben. Wir machen ein Impf*angebot*, setzen auf Freiwilligkeit und Vernunft!« Kurz danach posteten CDU und CSU: »Für uns als Unionsfraktion ist und bleibt klar, dass es keine Impfpflicht geben wird.«

Etwa zur gleichen Zeit twitterte Karl Lauterbach: »Bei 70 Prozent freiwilliger Impfung kommt Pandemie zum Stillstand. Das ist bei gutem Impfstoff zu erreichen. Bei den Risikogruppen wird Bereitschaft noch höher sein. Jetzt Impfpflicht zu fordern ist medizinisch fragwürdig, es verunsichert. Kein Virologe tut das.« Später, als Karl Lauterbach Bundesgesundheitsminister ist, fordert er bei einer Quote von mehr als 75 Prozent vollständig Geimpfter die Impfpflicht. Auch diese beiden Zitate sind O-Ton Karl Lauterbach: »Wir können eine Impfpflicht nicht einführen. Das haben wir versprochen, und daran muss sich der Staat auch halten.« Später dann als Bundesminister: »Jeder weiß, dass ich ein Befürworter der Impfpflicht bin.«

Hand aufs Herz: Kann sich die Politik dann ernsthaft darüber beklagen, wenn aus den Reihen der Impfskeptiker oder Impfgegner der Vorwurf laut wird, getäuscht worden zu sein? Nein, ich bin kein Impfgegner! Ich bin insgesamt vierfach geimpft – allerdings haben sich die Coronaviren davon im Februar 2022 leider nicht beeindrucken lassen. An dieser Stelle geht es auch nicht um den Austausch von Argumenten pro und contra Impfpflicht. Es geht um Form und Inhalt politischer Kommunikation und darum, warum die Politik gut beraten ist, keine voreiligen Versprechungen zu machen, die sich nicht halten lassen. Es mag sein, dass man damit kurzfristig Erfolge erzielen, vielleicht sogar Wahlen gewinnen kann, aber längerfristig kann man Vertrauen verspielen.

Ein historischer Moment im ZDF-Morgenmagazin

—

Es ist sehr ratsam, jeder Übertreibung auszuweichen,
weil naturgemäß eine Abspannung folgen muss,
die ein unangenehmes Gefühl nachlässt.
Es gibt aber Leute, die aus der Überspannung
nicht herauskommen.

Joseph Stanislaus Zaupner

22. Februar 2022, 8:15 Uhr. An diesem Morgen wird im gemeinsamen Morgenmagazin von ARD und ZDF ein Stück Fernsehgeschichte geschrieben. Zunächst wird nur ganz und gar unspektakulär ein Interview mit Bundesgesundheitsminister Karl Lauterbach angekündigt, was eigentlich nicht notwendig gewesen wäre, da die Zuschauer nach mehr als zwei Jahren Coronapandemie ohnehin bei jeder Sendung damit rechnen, dass irgendwann Herr Lauterbach erscheint. Wetterbericht und Wort zum Sonntag einmal ausgenommen.

Da es sich um das gefühlte 5673ste Interview von Prof. Dr. Karl Lauterbach MdB zum Thema »Coronakrise« handeln würde, dürften die allermeisten das Gleiche gedacht haben wie ich: The same procedure as every day!

Weit gefehlt! Denn dann kam etwas völlig Unerwartetes, geradezu Spektakuläres: Dem Bundesgesundheitsminister wurden tatsächlich einige sehr kritische Fragen gestellt. Fragen, die Herr Lauterbach ausnahmsweise mal nicht mit »das belegen Studien«, die gerne aus Harvard kommen, natürlich aus der Feder »exzellenter Fachleute«, beantworten konnte. Wer hätte das gedacht? Ich auch nicht.

Mit ergreifender Schlichtheit servierte ihm der Moderator Andreas Wunn die naheliegende – aber für Lauterbach offensichtlich völlig unerwartete – Frage, ob er denn in seiner Rolle als ewiger Mahner und Warner nicht doch etwas über das Ziel hinausschieße? Wie etwa bei den Themen Erkrankung von Kindern, bei der Behandlung von Mittvierzigern auf den Intensivstationen oder der Gefährlichkeit der Omikron-Variante. Warum diese Ungenauigkeiten und Übertreibungen? Gute Fragen!

Nun hätte Karl Lauterbach zwar die Möglichkeit gehabt, anhand von Daten und Fakten den doch eher rhetorischen Fragen des Moderators entschieden zu begegnen, aber das war ihm ganz offensichtlich nicht möglich. Er hätte doch in wenigen Sätzen überzeugend begründen können, dass und warum seine Mahnungen und Warnungen alle richtig und sogar notwendig waren – aber dafür hätte er fachlich fundierte Argumente zur Hand haben müssen. Also musste er sich irgendwie anders aus der Bredouille befreien und behauptete keck, der Moderator setze einfach eine Kampagne der *Bild*-Zeitung fort, die sich auf ihn eingeschossen habe. Das war zwar alles andere als eine Antwort auf die Frage, aber durchaus schlau, denn Lauterbach hatte zu diesem Zeitpunkt wohl die nicht unberechtigte Hoffnung, dass ab jetzt *Bild* das Thema sein werde.

Aber nicht mit Andreas Wunn! Der Moderator blieb hartnäckig bei seiner Linie und wollte unbedingt wissen, wie Lauterbach denn seine Zahlen der hypothetischen Toten für den Fall weiterer Öffnungsschritte ermittelt habe. Schritte, die kurze Zeit später erfolgten, und zwar mit Zustimmung von Herrn Lauterbach! In diesem Moment wurde er doch tatsächlich sinngemäß gefragt: »Lieber Herr Lauterbach, stimmt das eigentlich alles, was Sie uns seit Monaten erzählen?«

Ehrlich gesagt, hatte ich nach zwei Jahren hinreichender Erfahrungen mit Befragungen von Herrn Lauterbach nie und nimmer damit gerechnet, dass bei ihm einmal kritisch nachgefragt wird. Und ich hatte die akute Befürchtung, dass der Moderator deswegen von interessierter Seite ruckzuck in die Kategorie Coronaleugner einsortiert werden könnte, obwohl er dort bestimmt nicht angesiedelt werden kann. Konnte es tatsächlich sein, dass sich mittlerweile auch in den Redaktionsstuben der Republik herumgesprochen hatte, dass Lauterbach dazu neigt, das Ergebnis einschlägiger Studien gelegentlich sehr eigenwillig zu interpretieren?

Seine etwas müde Antwort lautete, dass dies seine persönlichen Berechnungen gewesen seien, die er gemeinsam mit dem Robert-Koch-Institut vorgenommen habe, und schließlich seien Modellberechnungen keine »Raketenwissenschaft«. Völlig unklar blieb allerdings, was das Wort »Raketenwissenschaft« in diesem Zusammenhang bedeuten sollte.

Vielleicht wollte uns der Bundesgesundheitsminister aber auch nur sagen: »Liebe Leute, ich habe bewusst eine hohe Zahl genannt, um auf eine drohende Gefahr hinzuweisen. Eine Gefahr, von der ich allerdings nicht weiß, wie realistisch sie ist. Aber wenn ich die Bevölkerung warne, dann ist das immer nur gut gemeint!«

Und wenn Karl Lauterbach nach gut zwei Jahren Bilanz zieht, dann kann er tatsächlich von sich behaupten, immer irgendwie recht gehabt zu haben, auch wenn das objektiv nicht der Fall war. Erfolgte die Warnung mit gutem Grund, dann konnte er sagen: »Gut, dass ich euch gewarnt habe.« Trat die prognostizierte Katastrophe jedoch nicht ein, dann hatte er besonders verdienstvoll gehandelt: »Gut, dass ich euch gewarnt habe, sonst wäre die Katastrophe eingetreten!«

Und schon sind wir bei dem eigentlichen Problem dieser Strategie. Einer Strategie, die Karl Lauterbach über mehr als zwei Jahre hinweg von Studio zu Studio, von Interview zu Interview bis an die Spitze des Bundesministeriums für Gesundheit getragen hat. Damit hier kein Missverständnis entsteht: Auch ich zweifle nicht an der Kompetenz und Erfahrung des Mediziners und Gesundheitsökonomen Karl Lauterbach. Ich halte ihm sogar zugute, dass er alle seine öffentlichen Äußerungen in guter Absicht getätigt hat – aber zwischen seinen zahllosen Auftritten bei Anne Will und Sandra Maischberger, bei Frank Plasberg und vor allem Markus Lanz (hier war schon Ende 2021 nicht mehr ganz klar, wer bei wem zu Gast war) muss Lauterbach die politische Orientierung verloren haben.

Zum Jahresende 2021 wusste *Der Tagesspiegel* zu berichten, dass Lauterbach alleine im abgelaufenen Jahr sagenhafte 40 Talkshow-Auftritte absolviert hatte. Eine Zahl, die alle bisherigen Rekorde in den Schatten stellte und vermutlich auch in Zukunft unerreichbar bleiben wird. Mit der Einladung von Karl Lauterbach zum Thema »Corona« konnte jede Talkshow-Redaktion sicher sein, dass es am Tag großformatige Schlagzeilen geben werde. So war es dann ja auch tatsächlich, und die meisten begannen mit »Lauterbach warnt vor …«. Vor irgendetwas wusste er immer zu warnen, meistens unter Hinweis auf »neueste Studien«, was ganz gewiss viele – und einige Zeit auch mich – beeindruckte. Irgendwie hatte man das Gefühl, dass Karl Lauterbach bei diesem Thema viel mehr weiß als alle anderen, dass er die erwähnten Studien immer völlig korrekt zitiert und dass man sich ihm nur anvertrauen müsse, um die Pandemie rasch zu beenden.

Aber hatte nicht genau dieser Herr Lauterbach noch vor nicht allzu langer Zeit per Twitter behauptet, dass jeder wisse, »dass wir in Deutschland jede dritte, eigentlich jede zweite Klinik schließen sollten«? Und war nicht dieser Herr Lauterbach elf lange Jahre Mitglied des Aufsichtsrats der Rhön-Klinikum AG und hatte somit den Schwerpunkt seiner politischen Tätigkeit kunstvoll mit eigenen wirtschaftlichen Interessen verwoben? Egal, wer will in Zeiten einer Pandemie schon kleinlich wirken, wenn es um die Bewältigung einer Katastrophe geht! Bei Herrn Spahn hat man allerdings viel genauer hingesehen, aber das ist ein anderes Kapitel.

Zurück zum Interview mit Andreas Wunn am 22. Februar 2022.

Es soll – so Lauterbach – nur die *Bild*-Zeitung gewesen sein, die ihm ein Zuviel an Mahnerei und Warnerei unterstellt habe. Selbstverständlich völlig grundlos. Eben mal wieder typisch *Bild*.

Sehen wir uns doch einmal auszugsweise einige Schlagzeilen an, um zu überprüfen, ob diese Behauptung stimmt. Nachfolgend eine kleine Auswahl aus den vergangenen zwei Jahren, nur die allerwenigsten stammen von *Bild*:

»Lauterbach warnt vor Sommerwelle«
»Lauterbach warnt vor dritter Welle«

»Lauterbach warnt vor steigenden Todeszahlen
und fordert Impfpflicht«
»Lauterbach warnt vor parteipolitischen Spielchen«
(bei der Impfpflicht)
»Lauterbach warnt davor, Omikron zu unterschätzen«
»Lauterbach warnt vor Monster-Welle«
»Lauterbach warnt vor Corona Massen-Experiment
an Kindern«
»Lauterbach warnt vor vierter Welle«
»Lauterbach warnt vor Explosion der Fallzahlen«
(durch Omikron)
»Lauterbach warnt vor zu früher Lockerung: 500 Tote täglich«
»Lauterbach warnt vor fünfter Welle«
»Lauterbach warnt vor zu schnellen Öffnungsschritten«
»Lauterbach warnt die Ministerpräsidenten vor Wettlauf
bei Coronalockerungen«
»Lauterbach warnt Länder vor maßlosen Lockerungen«
»Lauterbach warnt vor Glühweinständen«
»Lauterbach warnt vor Impf-Trödelei«
»Lauterbach warnt vor langfristigen Corona-Schäden«
»Lauterbach warnt vor Pandemie der Einsamkeit«
»Lauterbach warnt vor Lockdown«
(auch diese Meldung gab es tatsächlich,
SWR, Meldung vom 27.11.2020)
»Lauterbach warnt vor Reisen von Menschen
aus der Region Gütersloh«
»Lauterbach warnt vor Illusion«
(wir hätten es bald hinter uns)
»Lauterbach warnt vor schneller Kita-Öffnung«
»Lauterbach warnt vor Apotheker-Bestechung«
»Lauterbach warnt vor weiteren Pandemien«

»Lauterbach warnt vor höherer Demenz-Gefahr«
»Lauterbach warnt vor einem Kontrollverlust«
»Lauterbach warnt vor einer Plünderung der Reserven«
(des Gesundheitsfonds)
»Lauterbach warnt Bayern-Fans vor Reisen zum Supercup«
»Lauterbach warnt vor Re-Start der Bundesliga«
»Lauterbach warnt vor Verdoppelung der PKV-Tarife«
»Lauterbach warnt vor dem Toilettengang
zu Corona-Zeiten«
»Lauterbach warnt vor verheerender Super-Mutation«
»Lauterbach warnt vor neuem 3G: Impfverweigerer
bis März geimpft, genesen oder gestorben«
»Lauterbach warnt vor ungenauer Corona-Datenlage«
»Lauterbach warnt in MV vor
Monster-Virus-Welle im Herbst«
»Lauterbach warnt: Streiks bei der Bahn
führen zu mehr Corona-Infektionen«
»Lauterbach warnt jetzt auch Geimpfte«

Natürlich warnte Karl Lauterbach auch vor – seiner Ansicht nach – unnötigen Reisen, insbesondere nach Mallorca. Angeblich viel zu gefährlich. Aber da er auch diese Warnung mit Fakten nicht untermauern konnte, wurde es plötzlich eng für ihn: Etwa zur gleichen Zeit seiner Warnung meldete das regionale mallorquinische Gesundheitsministerium in Palma de Mallorca, dass »aktuell (Mitte März 2021) binnen einem Tag auf den Inseln (nur) 36 Menschen positiv getestet wurden. Darauf entfallen 33 auf Mallorca«. Die 7-Tages-Inzidenz lag zu diesem Zeitpunkt auf den Balearen bei knapp 40. Nicht etwa bei 400!

Aber so leicht gibt ein Karl Lauterbach natürlich nicht auf. Sein O-Ton in der Sendung von Maybrit Illner: »Da wird auch noch getrickst. Ich glaube den Fallzahlen nicht.« Dies wiederum ließen die Spanier nicht auf sich sitzen. Sie wollten sich nicht als medizinische Trickbetrüger abstempeln lassen und konterten. »Fakten sind Fakten, das ist schon empörend, wenn sie anders dargestellt werden«, so der renommierte Gesundheitsexperte Joan Carles March in der *Mallorca Zeitung.*

Als es im Frühjahr 2022 für kurze Zeit medial rund um Karl Lauterbach verdächtig ruhig wurde, warnte er plötzlich vor einer »Killervariante« des Coronavirus – vorsorglich für den Herbst 2022.

Das war dann selbst chronisch ruhigen Gemütern (auch) aus der Fachwelt zu viel. »Panikmache« war eine eher noch harmlose Vokabel, deftiger trat Michael Köllner auf, genauer gesagt *aus* – nämlich nach 30-jähriger Mitgliedschaft aus seiner SPD. Austrittsgrund: Karl Lauterbach. O-Ton des Trainers des Fußballclubs TSV 1860 München: »Der rennt in jede Talkshow und erzählt, dass er in Harvard studiert hat – und dann kommt die nächste Welle. Ich hoffe, dass man ihm das Handwerk legt.« Köllner ist sicher nicht der Einzige, der so denkt.

Fast zwei Jahre lang wurden so gut wie alle Aussagen und Prognosen von Karl Lauterbach auch von Qualitätsmedien ohne große Fragezeichen übernommen, kritische Nachfragen gab es allenfalls in Spurenelementen. Dann allerdings tauchten erste Papiere auf, in denen dank gründlicher Recherche nachgewiesen wurde, dass Lauterbach viele von ihm zitierte Studien sehr eigenwillig interpretiert hatte. Aber welche Redaktion wollte schon zugeben, wie es hinter den Kulissen lange Zeit tatsächlich aussah. Eine ZDF-Journalistin in aller Offenheit: »Als Journalisten musste man sich das bisher immer so vorstellen: Da nimmt die Pandemie irgendeine Wendung, und dann rufst du Karl Lauterbach auf dem Handy an und sagst: ›Herr Lauterbach, würden Sie uns dazu eine Einschätzung geben?‹ Und dann sagt er: ›Klar, in 30 Minuten auf dem Kölner Bahnhofsvorplatz. Schicken Sie mir ein Kamerateam.‹«

Klaus Stöhr ist Virologe und Epidemiologe. 15 Jahre war er für die Weltgesundheitsorganisation tätig und leitete dort unter anderem das globale Influenza-Programm. Ein echter Fachmann. Stöhr zum Medien-Phänomen Lauterbach: »Eine Lektüre zum Verzweifeln #karl_lauterbach. Wenn auch nur die Hälfte hier Substanz hätte … Ich habe nach den ersten 20 Tweets mit Beispielen für eklatante Fehlinterpretationen aufgehört. Das Schlimmste sind die Internet-Befragungen zu Long COVID …«

Kurze Zeit später legte Stöhr in einem Interview mit der *Welt* nach: »Dass die Menschen so große Angst haben, dazu gehört eine Menge Warnen auf evidenzfreier Basis. Beispiele hierfür Prof. Drosten, Herr Wieler und leider auch Herr Professor Lauterbach, der mit seinen Worst-Case-Szenarien bei den Modellierungen die Bevölkerung in Panik hält.«

»Scholz' Führungsstärke kaschiert Lauterbachs Corona-Versagen«, schrieb die renommierte Schweizer *Neue Zürcher Zeitung* am 17. März 2022, was erstaunlicherweise den Eidgenossen schneller aufgefallen war als dem Heimatland von Karl Lauterbach.

Zweifellos: Mit der Methode Lauterbach kann man schnell bundesweit bekannt und sogar populär werden, weil die Menschen – lange Zeit – das Gefühl hatten, dass sie durch diese Methode vor großem Unheil bewahrt werden. Weil das Publikum mehr als zwei Jahre geglaubt hat, dass die Pandemie schneller zu Ende gehe, wenn man sich einfach an dem orientiere, was Herr Lauterbach empfehle. Aber dann wurde er Minister, und immer mehr bekamen nicht grundlos das Gefühl, dass die

Lücke zwischen Anspruch und Wirklichkeit doch relativ groß sei.

Die Gefahr bei einem Dauer-Warnmodus liegt auf der Hand: Wenn jeden Tag von morgens bis abends vor was weiß ich auch immer gewarnt wird, dann schalten immer mehr auf Durchzug. Zwar ist man zunächst beeindruckt, vielleicht sogar heilfroh, vor großem Übel gewarnt zu werden. Nach einer gewissen Zeit, bei einem früher, beim anderen später, stellt sich dann aber eine Art Routine ein: »Moment mal? Ist das jetzt eine neue Warnung oder eine Wiederholung der Warnung von gestern?« Und irgendwann stöhnen auch Gutwillige auf: »Guter Mann, ich kann es nicht mehr hören!«

Wenn jeden Tag die Warnsirene angeworfen wird, dann gehört das nervige Geräusch irgendwann so zu unserem Alltag, dass wir auch eine dringend notwendige Warnung nicht mehr ernst nehmen. Selbst dann, wenn wir sie unbedingt wahrnehmen sollten. *Das* ist die eigentliche Gefahr.

Dieses Phänomen kennen wir aus der bekannten Geschichte vom jungen Schafhirten, der den Dorfbewohnern immer wieder – aber auch immer wieder grundlos – zurief: »Die Wölfe kommen!« Tag für Tag.

Als seine Herde dann eines Tages tatsächlich von Wölfen angegriffen wurde, glaubte ihm keiner mehr, und die Herde wurde getötet.

Wie soll da Vertrauen entstehen und auf Dauer erhalten bleiben? Wem können die Bürgerinnen und Bürger noch trauen, wem nicht? Für die einen ist Karl Lauterbach zu einer Art Anti-Corona-Held geworden, zu einem unerschrockenen Kämpfer gegen Gefahren jedweder Art. Für die anderen hat er sich im Laufe der Zeit zu einer echten Nervensäge, ja sogar zu einem Hassobjekt entwickelt. Für die einen ist sein Aufstieg in das Ministeramt die überfällige, längst verdiente Beförderung, für die anderen eine Art Provokation. So viel Spaltung wegen einer einzigen Person war selten.

Lässt man die Jahre 2020 und 2021 medial Revue passieren, fällt zwar sofort auf, dass in den Medien selbstverständlich auch andere Experten zu Wort kamen, wenn auch nicht annähernd so oft wie Karl Lauterbach. Zum Beispiel Hendrik Streeck, Direktor des Instituts für Virologie am Universitätsklinikum Bonn, Klaus Stöhr oder Carsten Watzl, Professor für Immunologie an der Universität Dortmund. Alle drei auf ihren Gebieten anerkannte Experten.

Aber auch alle drei zusammen konnten nicht einmal die Hälfte der medialen Wirkung erzielen wie Karl Lauterbach alleine. Vermutlich weil sie zu ruhig, zu sachlich argumentiert haben, ohne unnötige Übertreibungen. Vielleicht waren ihre Analysen und Prognosen deshalb oft treffsicherer als die des heutigen Gesundheitsministers? So entsteht Vertrauen. Durch eine sachlich-fundierte, ruhige, aber überzeugende Argumentation. Durch Erläuterungen und Erklärungen, die nicht der Effekthascherei dienen, sondern der Information und der Klärung des eigenen Standpunkts. Warum sich die Art der Kommunikation der Herren Stöhr, Watzl und Streeck so grundlegend von den Auftritten des Herrn Lauterbach unterscheidet? Sie wollten und wollen keine politische Karriere machen, nicht um jeden Preis Aufmerksamkeit erregen. Und Minister werden schon gar nicht.

Anfang April 2022 verkündet Karl Lauterbach, dass in Kürze die verpflichtende Quarantäne für Coronainfizierte durch eine freiwillige Abschottung ersetzt werden soll. Hiergegen regt sich sofort Widerstand, namentlich von Patientenschützern. Am 5. April 2022 rudert Lauterbach dann zurück, natürlich bei »Markus Lanz«. Er habe sich geirrt und müsse seine Entscheidung revidieren.

Das nötigt mir Respekt ab! Besser eine Fehlentscheidung revidieren als im Irrtum verharren. Ich ahne allerdings, was Karl Lauterbach als Oppositionspolitiker veranstaltet hätte, wenn ein anderer als Minister so gehandelt hätte!

Und täglich grüßt das Murmeltier

—

Einmal: Oft genug.

Ambrose Bierce

Wer kennt ihn nicht, den chronisch miesepetrigen Wettermann Phil Connors, der als Reporter in einer Zeitschleife feststeckt und Tag für Tag das Gleiche erleben muss. Und dieser Tag ist der 2. Februar in der Kleinstadt Punxsutawney in Pennsylvania, USA, dem Murmeltiertag. Erwacht das Tier an diesem Tag und wirft einen Schatten, soll es sechs weitere Wochen winterlich bleiben. Ist jedoch kein Schatten sichtbar, kommt der Frühling unaufhaltsam näher.

Aber es geht natürlich nicht nur um ein Murmeltier und das Wetter, es geht auch um die Liebe, denn der ewig schlecht gelaunte Wettermann versucht verzweifelt, das Herz seiner Kollegin Rita zu erobern. Und Hollywood wäre nicht Hollywood, wenn es am Ende nicht doch noch eine Art Happy End gäbe. Am Ende bleibt seine Zuneigung nicht unerwidert, und das junge Glück beschließt, fortan gemeinsam in der Stadt mit dem unaussprechlichen Namen zu leben.

Auch in der Politik gibt es bei verschiedenen Themen so eine Art *Groundhog Day*, so der amerikanische Originaltitel des Films. Allerdings in der Regel ohne Happy End und als endlose Fortsetzung. Der richtige Titel müsste dann wohl eher »Die unendliche Geschichte« lauten.

Hatten nicht auch Sie schon oft das Gefühl, dass bestimmte Themen immer wieder mit dem gleichen Ergebnis diskutiert werden: Es bleibt so, wie es schon immer war! Bis zum nächsten Mal, dann geht die Debatte wieder von vorne los. Ergebnis? Siehe oben! Vertrauensbildend ist auch das nicht.

Ein Beispiel hierfür ist die regelmäßig wiederkehrende Debatte um ein verpflichtendes soziales Jahr für alle Bürgerinnen und Bürger ab einem bestimmten Alter. Als Putin die russischen Streitkräfte am 24. Februar 2022 in die Ukraine einmarschieren ließ, wurde zunächst über die Wiedereinführung einer allgemeinen Wehrpflicht in Deutschland diskutiert, zumal diese nicht abgeschafft, sondern nur ausgesetzt ist. Die überwiegende Mehrheit der Bevölkerung wollte dies jedoch nicht.

Direkt danach begann – wieder einmal – alternativ die Debatte über ein für junge Menschen beiderlei Geschlechts gleichermaßen verpflichtendes soziales Jahr. Hierfür gab es große Zustimmung in allen Parteien, und auch viel Zuspruch in der Bevölkerung. Bis die Debatte irgendwo im Nichts endete, so wie früher auch. Doch dann griff die höchste staatliche Autorität, der Bundespräsident höchstselbst, das Thema auf und warb mit Verve für ein soziales Pflichtjahr – aber auch dieser Vorstoß wird über kurz oder lang im Nichts verpuffen.

Denn schon einige Zeit zuvor, im Sommer 2018, hatte die damalige CDU-Generalsekretärin Annegret Kramp-Karrenbauer die Debatte für eine allgemeine Dienstpflicht angestoßen, genauer gesagt wiederbelebt, denn diese Idee geht schon seit vielen Jahren um. Auch die Debatte des Sommers 2018 endete ohne greifbares Ergebnis, geschweige denn handfeste politische Konsequenzen. Bis sie dann im Zuge der Ukraine-Invasion wieder eröffnet wurde. Und irgendwann wird sie wieder geführt werden, einen Anlass wird es immer geben und wenn nicht, wird man ihn konstruieren.

In der Tat gibt es hierfür ja auch viele gute Argumente. Wer sich über einen längeren Zeitraum hinweg, sei es für neun oder gar zwölf Monate, in den Dienst der Allgemeinheit stellt, der dient nicht nur einer guten Sache, ganz gleich ob in einem sozialen Dienst, im Natur- und Umweltschutz oder im Gesundheitswesen, sondern lernt auch viel für sich selber, für sein späteres privates und berufliches Leben.

Allerdings sind die rechtlichen Hürden für ein *verpflichtendes* soziales Jahr sehr hoch, und auch die praktische Umsetzung wäre schwieriger als von vielen vermutet:

- Nicht nur das Grundgesetz müsste geändert werden, das in seiner jetzigen Form einen verpflichtenden Dienst nicht zulässt, sondern auch die Europäische Konvention zum Schutz der Menschenrechte und der Grundfreiheiten (EMRK). Auch dort ist das Verbot der Zwangsarbeit festgeschrieben.
- Selbst wenn dies gelänge, müssten Jahr für Jahr bundesweit alle Personen erfasst werden, die grundsätzlich verpflichtet wären, ein soziales Jahr zu absolvieren. Das wären etwa 700.000 junge Frauen und Männer.
- Natürlich würden viele, wie beim Wehrdienst alter Prägung auch, erklären, dass und warum für sie im Moment, in dem beabsichtigten Zeitraum oder an dem vorgesehenen Ort

dieser Dienst nicht zumutbar wäre – jeder Fall müsste sorgfältig geprüft werden.

- Auch müsste generell geprüft werden, ob es gesundheitliche und / oder wichtige familiäre Gründe gibt, die einen Pflichtdienst als unzumutbar erscheinen lassen, etwa die Betreuung eines kleinen Kindes.
- Es müssten bundesweit knapp 700.000 Stellen geschaffen werden, natürlich ortsnah und in der gewünschten Kategorie. Wenn das nicht möglich ist, käme man sofort zur Thematik – besser: Problematik – der Unterbringung vor Ort am Arbeitsplatz und den damit verbundenen Kosten.
- Die nächsten Themen wären dann Vergütung / Unterhaltssicherung, Renten-, Kranken- und Unfallversicherung für das Problem eines Arbeitsunfalls.
- Nach aller Lebenserfahrung dürfte es dann drei Gruppen geben:
    - Gruppe A kommt gerne, sofort und aus Überzeugung.
    - Gruppe B hält den Dienst grundsätzlich für sinnvoll, aber »im Moment geht es wirklich nicht, später gerne«.
    - Gruppe C will partout nicht. Jetzt nicht und später auch nicht: Der begehrte Ausbildungs- oder Studienplatz könnte dann nicht mehr verfügbar sein, dass heißersehnte Auslandssemester nicht mehr möglich.
    - Der Beginn des Studiums würde sich um ein Jahr verzögern usw.
    - Die Folge: Verwaltungsakte, Widersprüche, Klagen. Das ganze Programm. Warum sollte das bei einem verpflichtenden sozialen Jahr anders sein als beim Wehrdienst alter Art?

Das dürften nur einige Gründe dafür sein, dass und warum wir seit Jahren mit unschöner Regelmäßigkeit immer das gleiche Thema diskutieren – mit immer dem gleichen Ausgang. Interessant in diesem Zusammenhang ist, dass bis zur Stunde die zahlreichen politischen Befürworter noch nie einen Gesetzentwurf, noch nicht einmal einen Antrag zur Durchsetzung einer solchen Pflicht im Bundestag eingebracht haben. Und irgendwann wird dann – völlig zu Recht – aus dem Publikum gefragt: Und jetzt? Warum tut sich nichts? Soll hier Politik nur simuliert werden, also so tun als ob?

Das schafft kein Vertrauen, das schürt Unmut. Vor allem bei den zahlreichen Befürwortern einer Dienstpflicht. Besonders gravierend: Solange derartige Debatten immer wieder kurzzeitig geführt und dann längerfristig ad acta gelegt werden, wird nicht ernsthaft genug über sinnvolle Alternativen nachgedacht.

Sehr viele junge Menschen würden – gerne und freiwillig – einen solchen Dienst absolvieren, in ganz unterschiedlichen Bereichen. Dafür sollten wir mehr werben, als das bislang geschieht. Und es ist, was das Engagement betrifft, sicher ein Unterschied, ob jemand freiwillig oder unter Zwang einen solchen Dienst versieht. Aber wenn wir aus guten Gründen für einen solchen Dienst werben, dann muss auch sichergestellt sein, dass jede Bewerberin und jeder Bewerber einen adäquaten Platz erhalten kann. Es müsste ja nicht unbedingt sofort einen Rechtsanspruch auf einen Platz geben – obwohl man auch hierüber nachdenken könnte. Aber zumindest sollte das Angebot der Nachfrage entsprechen.

Und wenn sich potenzielle Arbeitgeberinnen und Arbeitgeber dazu entschließen könnten, bei der Besetzung einer Stelle zumindest *auch* darauf zu achten, ob ein solches FSJ absolviert wurde, könnte das die Attraktivität des Dienstes weiter erhöhen.

Sich freiwillig für längere Zeit, vielleicht sogar für ein ganzes Jahr, in den Dienst einer guten Sache zu stellen, ist ein wunderbarer Gedanke, eine sinnvolle Idee. Aber bitte freiwillig, nicht vom Staat erzwungen.

Aus dem Evangelium nach Johannes, Kapitel 8, Vers 6

—

Manche Leute drücken nur ein Auge zu,
damit sie besser zielen können!

Billy Wilder

Bundesminister a. D. Dr. Thomas de Maizière gehört zu den interessantesten und beeindruckendsten Persönlichkeiten, die ich in meiner Zeit als Abgeordneter des Deutschen Bundestags (1994–2017) kennenlernen durfte.

Ein konservativer Diener des Staates im besten Sinne des Wortes. Im Auftreten eher zurückhaltend und bescheiden, konnte er in politischen Diskussionen stets mit Kompetenz und Erfahrung überzeugen. Wer sich mit ihm intellektuell duellieren wollte, war gut beraten, nicht geistig unbewaffnet zum Meinungsaustausch anzutreten.

Im Laufe seiner wechselvollen Karriere war er unter anderem Staatssekretär im Kultusministerium von Mecklenburg-Vorpommern, Chef der dortigen Staatskanzlei. Dieses Amt hatte er auch in Sachsen inne. Dort war er auch Staatsminister der Finanzen, der Justiz und des Inneren. Auf Bundesebene war er Chef des Bundeskanzleramts, Bundesinnenminister im zweiten Kabinett Merkel, Verteidigungsminister und erneut Bundesinnenminister. Mehr politische Erfahrung und Reife geht kaum.

Keine Ahnung, warum im vierten Kabinett Merkel für ihn kein Platz mehr gewesen sein soll. An fehlender Kompetenz und Erfahrung oder gar an mangelnder Loyalität zur Kanzlerin dürfte es jedenfalls nicht gelegen haben. Vielleicht fehlten ihm ja nur jene Auswahlkriterien, auf die es zunehmend ankommt, die jedoch mit Sachkompetenz und / oder politischer Erfahrung nichts zu tun haben.

Wolfgang Wieland war ebenfalls schon sehr früh politisch aktiv, allerdings zunächst nicht bei seiner späteren politischen Heimat Bündnis 90 / Die Grünen. Das ist allerdings kein Wunder, denn bei seinem politischen Coming-out gab es diese Partei noch nicht. Wieland war am 2. Juni 1967 bei der Westberliner Großdemonstration gegen den Schah von Persien mittendrin, in deren Verlauf der gleichfalls demonstrierende Student Benno Ohnesorg von dem Beamten Karl-Heinz Kurras hinterrücks erschossen wurde. Heute wissen wir, dass dieser inoffizieller Mitarbeiter der Stasi war und ab 1964 gleichzeitig Mitglied der SPD und der SED. Obwohl die von Kurras behauptete Notwehrsituation widerlegt werden konnte, wurde er in einem Strafverfahren vom Vorwurf eines Tötungsdeliktes freigesprochen.

Wieland wandte sich zunächst zeitweilig der maoistischen KPD / AO zu, allerdings endete dieser Flirt nicht in einer stabilen Beziehung, denn schon 1978 gehörte er zu den Mitbegründern der Alternativen Liste (AL) in Berlin. Von Beruf Rechtsanwalt, gehörte er in verschiedenen Wahlperioden dem

Berliner Abgeordnetenhaus an und war dort kurze Zeit Justizsenator und von 2002 bis 2004 Fraktionsvorsitzender der AL beziehungsweise von Bündnis 90 / Die Grünen.

Anschließend errang er ein Bundestagsmandat und war dort von 2005 bis 2013 Sprecher der Grünen für die innere Sicherheit. Dort trafen sich erstmals unsere Wege. Seit dem 22. September 2022 ist er Ombudsmann beim Berliner Landesamt für Einwanderung. Sicherlich keine schlechte Wahl.

Obwohl wir beide sachpolitisch selten einer Meinung waren, hatte ich stets Respekt vor seinem beeindruckenden Wissensfundus in sicherheitspolitischen Fragen. Obwohl Wieland einem Streit nur ungern aus dem Weg ging, blieb er immer fair und argumentativ oberhalb der Gürtellinie.

Bundesminister kommen nur selten in die Fachausschüsse, die zu ihrem Ressort gehören, vielleicht drei- oder viermal im Jahr. In ihren Sitzungen werden sie aber stets durch mindestens einen parlamentarischen Staatssekretär vertreten, die dann die »Meinung des Hauses« vertreten. In einer Sitzung des Innenausschusses, der damals von mir geleitet wurde, war allerdings Bundesinnenminister de Maizière höchstselbst anwesend und referierte über verschiedene Themen und Initiativen seines Ministeriums. Plötzlich machte sich leichte Unruhe im Saal breit, vor allem in den Reihen der Opposition. Thomas de Maizière hatte eine Zahl genannt, die auch mir irgendwie merkwürdig erschien, und Wolfgang Wieland war sich ganz sicher, dass hier was nicht stimmen könne. Der Minister, gut gebrieft durch die zuständige Fachabteilung, blieb allerdings hartnäckig bei seiner Version, und da der strittige Sachverhalt nicht an Ort und Stelle geklärt werden konnte, blieb der Dissens ungeklärt.

Nur wenige Tage später teilte mir der Innenminister allerdings mit, dass die von ihm genannte Zahl leider nicht richtig sei, man habe ihn gewiss nicht mit Absicht, allerdings objektiv falsch unterrichtet, und er habe sich auf die Richtigkeit der Information verlassen. Was auch sonst? Kein Minister kann alles nachprüfen, was ihm sein »Haus« an Zahlen und Fakten serviert.

In Situationen wie diesen neigen Politikerinnen und Politiker gerne dazu, um eine Art rhetorischen Schutzwall um sich herum aufzubauen. Meistens unter Benutzung des einschlägig bekannten Vokabulars, das da lautet: »Da müssen Sie mich aber ganz falsch verstanden haben!« Gerne auch: »Das ist verkürzt wiedergegeben.« Sehr beliebt ist auch: »Das haben Sie aber aus dem Zusammenhang gerissen.« Was nicht selten auch stimmt. So gut wie jeder hastig eingefangene O-Ton eines Abgeordneten ist »aus dem Zusammenhang gerissen«, denn es werden in der Regel vier oder fünf Fragen gestellt, und bestenfalls eine Antwort läuft über die Sender und den Ticker, mit viel Glück sogar komplett. Dieses Glück hat man aber so gut wie nie.

Thomas de Maizière dachte allerdings ganz anders. Er wollte sich nicht hinter irgendwelchen Floskeln verstecken oder nach Ausreden fahnden, er wollte unbedingt und am besten so schnell wie möglich wieder in den Ausschuss, um dort persönlich den Fauxpas zu erläutern. Also erneute Einladung – und bei der nächsten Sitzung unternahm er noch nicht einmal den Versuch, sich irgendwie kunstvoll herauszureden. Er habe den Ausschuss ganz bestimmt nicht falsch informieren wollen, aber es sei ihm halt passiert, was er sehr bedauere. Mit keiner Silbe versuchte er, die Verantwortung auf diejenigen abzuwälzen, die ihn inkorrekt informiert hatten. Das hatte Stil. Das hatte Format.

Sofort meldete sich für die Opposition Wolfgang Wieland zu Wort, und ich muss zugeben, dass ich spontan gedacht habe:

»Oha, jetzt bekommen wir eine heftige Debatte, gleich gibt es Ärger!« Eigentlich musste doch jetzt der Satz kommen: »Wir haben Ihnen das doch gleich gesagt!«

Gravierender Irrtum meinerseits! Wieland merkte mit seiner sonoren, markanten Stimme lediglich an, er habe das jetzt zur Kenntnis genommen und fände es gut, dass sich der Minister unverzüglich erklärt und entschuldigt habe. Mehr gäbe es von ihm dazu nicht zu sagen, wir sollten am besten in der Tagesordnung fortfahren. Dem schlossen sich alle an. Die Revolution war abgeblasen, bevor sie begonnen hatte.

Respekt – und zwar für beide!

Diese kleine Episode wäre vermutlich ganz anders verlaufen, wenn der Minister auch nur den Versuch unternommen hätte, sich irgendwie herauszureden. Stattdessen hat er einfach das getan, was der politischen Klasse gewöhnlich schwerfällt: offen und ehrlich einen Fehler zugeben! Einfach das Visier hochklappen, einen Fehler zugeben und um Entschuldigung bitten. Wo ist hier das Problem? Es dürfte darin bestehen, dass die meisten Kritik oder gar Häme als Folge befürchten, natürlich einschließlich des heute so beliebten Shitstorms in den sozialen Medien, in denen sich bekanntlich viele tummeln, die nur darauf warten, andere zu kritisieren. Gerne auch mit rustikalem Vokabular und unter Missachtung mitteleuropäischer Umgangsformen.

Es ist halt leichter, sich im Netz auszutoben, als jemandem von Angesicht zu Angesicht die Meinung zu sagen. Hut ab vor Dunja Hayali, die ihren Kritikern mal mit Humor, mal mit Haltung begegnet und die nicht zu Unrecht von asozialen Medien spricht. Das wäre mir persönlich zu pauschal, denn auch in den sozialen Medien trifft man auf viele, die sich dort sehr sachlich, vielleicht kritisch, aber nicht polemisch äußern – aber tatsächlich auch überproportional viele, die mit dem Düsenjäger durch die Kinderstube gerast sein müssen.

Wer einen Fehler offen eingesteht, zeigt nicht Schwäche, sondern eher Stärke. Ich riskiere mal eine Gegenthese zur befürchteten Kritik: Die meisten Bürgerinnen und Bürger würden exakt so reagieren, wie Wolfgang Wieland es in der erwähnten Ausschusssitzung getan hat. Sie wären vielleicht sogar regelrecht erleichtert, dass endlich jemand nicht drumherum redet, sondern sich ganz offen zu einem Fehler bekennt. Ganz nach dem Motto: »So etwas könnte mir auch passieren, das ist menschlich!«

Und ganz Bibelfeste würden vielleicht aus der Heiligen Schrift zitieren. Die passende Stelle lässt sich im Johannes-Evangelium finden, Kapitel 8, Vers 6: »Wer von euch ohne Sünde ist, werfe als Erster einen Stein (auf sie)!«

Respekt auch für Wolfgang Wieland, der aus dem ministeriellen Lapsus nicht um jeden Preis politisches Kapital schlagen, sondern aus der Opposition heraus die Haltung des Ministers durch kluge Zurückhaltung honorieren wollte: »Alle Achtung, der redet sich nicht raus!«

Eigentlich sollte Politik immer so sein. »Eigentlich« ist ein interessantes Wort, weil es sehr häufig benutzt wird, wenn etwas *nicht* so ist, wie es sein sollte. Wenn der Kfz-Monteur in der Werkstatt stöhnt: »Also eigentlich dürfte der Fehler jetzt endgültig behoben sein!«, kann man ziemlich sicher sein, dass beide bald wieder auftauchen – erst der Fehler, dann der Monteur. Wenn Sie den Satz hören: »Eigentlich dürfte da nichts passieren« – dann passiert es mit großer Wahrscheinlichkeit.

Und deshalb ist die Politik oft ganz anders, als sie eigentlich sein sollte. Bei allen politischen Kontroversen, die es schon immer gegeben hat und die es mit Sicherheit auch in Zukunft geben wird, sollte der respektvolle Umgang miteinander selbstverständlich sein. Auch über Partei- und Fraktionsgrenzen hinweg.

Vielleicht zu oft unterschätzen wir das Publikum, das die politischen Debatten nicht nur inhaltlich verfolgt, sondern auch sehr genau registriert, wie die Politikerinnen und Politiker miteinander umgehen. Ob es bei heftigen Debatten tatsächlich um wichtige und kontroverse Sachfragen von Bedeutung geht, oder ob um den berühmten »Kaisers Bart« gestritten wird. In Emanuel Geibels Gedicht »Von des Kaisers Bart« streiten drei junge Burschen in einem Wirtshaus darüber, welche Farbe der Bart von Kaiser Barbarossa hatte (Ich selber dachte immer, dass das eigentlich klar sein müsste, denn: *Nomen est omen*). Der Streit artet aus, zu guter Letzt gehen die drei mit Säbeln aufeinander los. Vor diesem Hintergrund endet das Gedicht mit der Mahnung: »Zankt, wenn ihr beim Weine sitzt, nicht um des Kaisers Bart!« Anders ausgedrückt: Wenn ihr schon streiten müsst, dann nicht um Nebensächlichkeiten. Wenn Streit sich nicht vermeiden lässt, dann bitte um das Wesentliche, um das, was wirklich wichtig ist.

Da die Fehlerkultur in der Politik nicht besonders ausgeprägt ist, fällt es sofort auf, wenn politische Fehleinschätzungen und sogar Fehlentscheidungen eingestanden und korrigiert werden. Denn es gibt zu viele, die lieber im Irrtum verharren, als zuzugeben, dass sie sich geirrt haben. Gegen Sturheit ist auch in der Politik kein Kraut gewachsen.

Anfang April 2022 musste unser Staatsoberhaupt, Bundespräsident Frank-Walter Steinmeier, öffentlich einräumen, dass er sich in der Politik Russlands und in der Person von Präsident Putin gravierend geirrt habe. Er habe sich von Putin zwar nicht blenden lassen, denn der Putin von 2022 sei ein ganz anderer als jener Putin, der 2001 im Deutschen Bundestag gesprochen habe: Aber das Festhalten an der Gaspipeline Nord Stream 2 sei ganz eindeutig ein Fehler gewesen. Außerdem habe er unterschätzt, was Putin in seinem imperialen Wahn bereit sei, aufs Spiel zu setzen. »Da habe ich mich, wie andere auch, geirrt.« Obwohl Steinmeier sowohl als Kanzleramtsminister in der Ära des Kanzlers Schröder als auch als späterer Außenminister unter Kanzlerin Angela Merkel maßgeblich auch für die Beziehungen zu Russland verantwortlich war, wollte er auf keinen Fall die Schuld nur bei sich verorten. Geschenkt.

»Eine dürre Entschuldigung« kommentierte damals die *Kölnische Rundschau*, aber lieber dürr, als entgegen den Tatsachen so zu tun, als habe man Putin schon immer so eingeschätzt, wie er tatsächlich ist: ein autoritärer Herrscher, der zur Stabilisierung seiner Macht und zur Ausdehnung seines Reichs weder die Souveränität anderer Staaten respektiert noch vor brutaler Gewalt zurückschreckt. Im Gegenteil: Gewaltanwendung ist für ihn ein probates Mittel zur Erreichung seiner Ziele.

Über lange Jahre hinweg war der Begriff »Putin-Versteher« fester Bestandteil aller Debatten über die Beziehungen des Westens, insbesondere der NATO und der EU, zu Russland. Mit diesem Titel bedacht wurden all jene, die der Meinung waren (oder es immer noch sind), dass das Verhältnis zwischen Russland und den westlichen Staaten, insbesondere den Mitgliedsländern der NATO, deshalb so belastet und angespannt sei, weil der Westen zu wenig Rücksicht auf legitime Sicherheitsinteressen Moskaus nähme. Insbesondere durch die NATO-Osterweiterung fühle sich Russland bedroht, obwohl von den hier angesprochenen Staaten kein einziger für Russland eine irgendwie geartete Gefahr darstellt – es ist eher genau umgekehrt. Außerdem hätte Putin angeblich das gleiche Interesse an einem dauerhaften stabilen Frieden wie die westlichen Staaten.

Dass auch Russland legitime Sicherheitsinteressen hat, ist unbestritten – aber was hat die völkerrechtswidrige Annexion der Krim mit einer angeblichen Bedrohung durch die NATO zu tun? Was die Intervention im Donbass? Oder die Einschüchterung der russischen Opposition, die vielen politischen Prozesse, mit denen die Putin-Kritiker zum Schweigen gebracht werden sollen, oder die Ermordung von Regimekritikern im Ausland? Selbst Putin-Freunde können doch nicht ernsthaft bestreiten, dass Russland unter Putins Herrschaft zu einer autoritär geführten Föderation geworden ist, die meilenweit von demokratischen Standards entfernt regiert wird.

Angeführt wird diese Riege der Kreml-Fans von Ex-Kanzler Gerhard Schröder (SPD), der sich nach dem Ende seiner Kanzlerschaft 2005 zügig in den Dienst russischer Staatsunternehmen stellte, natürlich gegen fette Honorare, die ihn zu einem wohlhabenden Mann gemacht haben. Probleme sah er in diesem Berufswechsel ganz offensichtlich keine, zumal ja der russische Präsident nach seiner sozialdemokratischen Überzeugung ein »lupenreiner Demokrat« sei. Da möchte man gar nicht wissen, wie nach Schröders Meinung lupenreine Despoten aussehen!

Bei Diskussionen mit Putin-Verstehern macht es auch keinen Sinn, in Erfahrung bringen zu wollen, wo und wie die NATO Russland konkret bedroht, an welchen Stellen der Westen gegen die auch von Russland unterzeichnete NATO-Russland-Grundakte des Jahres 1997 verstoßen oder wieso die Ukraine das wichtige Budapester Memorandum nicht respektiert haben soll. Wer unter allen Umständen glauben will, dass der Westen am Ukraine-Krieg zumindest eine Mitschuld trägt, der wird das immer und immer wieder behaupten, selbst wenn alle Fakten dagegen sprechen. Da hilft selbst der Hinweis nicht, dass Putin selbst den Angriff auf die Ukraine in einer Rede am 23. Februar 2022 ganz anders begründet hat. Putin hat keine Angst vor der NATO, Putin hat Angst vor der Demokratie! Er hält die staatliche Souveränität der Ukraine, deren Loslösung von der Sowjetunion für einen schweren Fehler, den er notfalls mit Waffengewalt und einer brutalen militärischen Konfrontation und Invasion korrigieren will. Das Ganze unter dem Stichwort »Entnazifizierung«. Es ist geradezu rührend zu beobachten, wie sich vor allem in den sozialen Medien immer noch einige voller Eifer darum bemühen, dem Westen die Schuld für das Martyrium der Ukraine anzulasten, obwohl sich die Zahl der Putin-Versteher spätestens nach dem Massaker von Butscha, einer Stadt nordwestlich von Kiew, inzwischen deutlich reduziert hat.

Sachlich richtig war der Begriff Putin-Versteher indes nie. Denn Putin hatte nie die Sorge, dass ihn die NATO militärisch angreifen würde, er hatte vielmehr die Sorge, dass die Demokratisierungswelle in den ehemaligen Staaten der Sowjetunion eines Tages auch nach Russland überschwappen könnte. Das wäre dann das Ende seiner Herrschaft.

Putin träumt von einem Wiedererstehen der Sowjetunion alter Bauart, wahrscheinlich von einem neuen »Kiewer Russland«, einem mittelalterlichen, altostslawischen Großreich, das als Vorläuferstaat der heutigen Staaten Russland, Ukraine und Belarus angesehen wird. Vielleicht ist er auch der Meinung, dass die an Russland angrenzenden Staaten entweder russische Satellitenstaaten zu sein hätten, also nur scheinbar souveräne, in Wahrheit aber Moskau-hörige Länder, oder aber militärisch zu bekämpfende Feindstaaten. So wie auch nach der Meinung von Putin die Ukraine kein souveränes Land sein dürfe, denn historisch gehöre sie zu Russland. Es ist seiner Meinung nach ein Fehler gewesen, die Ukraine 1991 aus der UdSSR heraus in die Souveränität zu entlassen.

Das war und bleibt der größte Fehler der »Putin-Versteher« – die wahren Beweggründe seiner aggressiven Politik haben sie nie verstanden.

Lange Zeit hätte sich auch Gregor Gysi, der quirlige Frontmann der Linkspartei, ganz sicher nicht dagegen gewehrt, als Putin-Versteher bezeichnet zu werden. Sehr oft hatte er, auch öffentlich, mehr Verständnis für Putin gefordert, sehr gerne die NATO kritisiert und die Russland-Politik der Bundesregierung gleich mit.

Doch dann kam der 24. Februar 2022. Mit einem Schlag muss Gysi klar geworden sein, dass sein Bild von Putin ein völlig falsches war, dass er dessen Politik falsch eingeschätzt hatte. Gysi ging jedoch nicht in Deckung oder suchte Zuflucht in irgendwelchen wolkigen Formulierungen, Ausflüchten oder Relativierungen – er räumte freimütig einen gravierenden politischen Irrtum ein. O-Ton Gysi am 1. März 2022 im Südwestrundfunk: »Ich traue Putin nicht mehr über den Weg! Ich muss die russische Führung jetzt gänzlich anders einschätzen. Ich war ja schon vorher kritisch und muss jetzt noch kritischer werden.«

So viel Einkehr und Umsicht war selten. Ob ihm das politische Minuspunkte einbringt? Vielleicht bei Sahra Wagenknecht, aber das dürfte ihm herzlich egal sein. Vielleicht runzeln Teile der Linken und der AfD tatsächlich die Stirn, aber auch das dürfte ihn nicht stören. Warum auch? In der breiten

Bevölkerung dürfte ihm diese Kurskorrektur mehr Plus- als Minuspunkte einbringen. Auch hier gilt: Besser Fehler offen eingestehen, als aus Trotz im Irrtum verharren!

Der XXL-Bundestag

> Die innere Größe besteht nicht darin,
> sich möglichst weit nach oben oder
> nach vorwärts zu recken, sondern darin,
> sich zu bescheiden und zu beschränken.
>
> *Michel de Montaigne*

Flächendeckendes Unverständnis in der Bevölkerung gibt es auch im Hinblick auf die nach den letzten Wahlen stetig gestiegene Größe des Deutschen Bundestags, dem aktuell 736 Abgeordnete angehören. Von dieser Gesamtzahl aller Mandate entfallen alleine 138 auf sogenannte Überhang- und Ausgleichsmandate.

Unverständnis vor allem im Hinblick auf die Mehrkosten gegenüber der gesetzlichen Mitgliederzahl von (nur) 598, wobei es nicht alleine um die Entschädigungen, mandatsbedingte Aufwendungen und die spätere Altersversorgung der MdBs geht, sondern auch um die erheblichen zusätzlichen Kosten für die Büros und die Mitarbeiterinnen und Mitarbeiter, die jedem MdB zur Unterstützung zur Verfügung stehen. Im Durchschnitt dürften es in Berlin und im Wahlkreis vier bis fünf Beschäftigte sein, die ebenfalls adäquate Arbeitsmöglichkeiten benötigen.

Trösten könnte man sich hier allenfalls mit dem Gedanken, dass mit wachsender Größe des Parlaments auch die Qualität seiner Arbeit steigt. Die allerdings hängt nun wirklich nicht von der Größe des Parlaments, der Gesamtzahl aller Abgeordneten ab. Das dürfte parteiübergreifend so gesehen werden.

Verglichen mit anderen demokratischen Parlamenten Europas, ist der Deutsche Bundestag mit seiner *gesetzlichen* Zahl von Abgeordneten keineswegs überdimensioniert. Wohlgemerkt: mit der *gesetzlichen* Anzahl.

Dem britischen Unterhaus – dessen erste Sitzung bereits am 20. Januar 1256 stattfand – gehören 650 Abgeordnete an. Das Vereinigte Königreich hat etwa 14 Millionen Einwohner weniger als die Bundesrepublik und ein ganz anderes Wahlrecht. Dort gilt ein reines Mehrheitswahlrecht. Wer in seinem Wahlkreis die meisten Stimmen erzielt, zieht in das Unterhaus ein, alle anderen Stimmen sind nicht relevant. Es gibt keine Liste der Parteien, über die man daneben einen Sitz im »House of Commons« ergattern könnte.

In der französischen Nationalversammlung tagen aktuell 577 Abgeordnete und im italienischen Parlament 630. Auch diese beiden Staaten haben deutlich weniger Einwohner als Deutschland. Ganz zu schweigen vom chinesischen »Parlament«, dem Nationalen Volkskongress. Dort versammeln sich gelegentlich knapp 3000 politische Würdenträger in der Großen Halle des Volkes. Allerdings: China hat mit gut 1,4 Milliarden Einwohnern eine deutlich größere Bevölkerungzahl als Deutschland.

Dennoch dürfte der Deutsche Bundestag – wenn auch mit deutlichem Abstand zum chinesischen Volkskongress – das zweigrößte Parlament der Welt sein. Allerdings nicht wegen der gesetzlichen Zahl seiner Mitglieder, sondern aufgrund der hohen Zahl der Überhang- und Ausgleichsmandate. Und wer glaubt, ein noch größerer Bundestag sei nicht möglich, der irrt. Leider! Experten haben schon vor Jahren errechnet und auch in offiziellen Anhörungen des Bundestags vorgetragen, dass bei unveränderter (Wahl-)Rechtslage das Parlament auf mehr als 800 Sitze anwachsen könnte. Entscheidend seien hierfür die Wahlergebnisse der einzelnen Parteien und das Wahlverhalten der Wählerinnen und Wähler.

Weil der Deutsche Bundestag das irgendwann einmal so beschlossen hat? Weil derartige Ergebnisse dem Willen des Gesetzgebers entsprechen? Ja und nein. Die *gesetzliche* Zahl der Abgeordneten liegt nach wie vor bei (nur) 598. Die *tatsächliche* Zahl liegt allerdings deutlich darüber und nicht erst seit der letzten Bundestagswahl im September 2021. Diese Zahl ist die Folge des Bemühens, dass die parlamentarische Sitzverteilung so präzise wie möglich dem Wahlergebnis entspricht, genauer gesagt, dem Resultat nach Auszählung der *Zweitstimmen.* Denn nur sie sind entscheidend. Anders formuliert: Die genaue Verteilung der Parlamentssitze auf die verschiedenen Parteien beziehungsweise Fraktionen liegt demnach sowohl am *Wahlrecht* als auch am *Wahlverhalten* aller Wählerinnen und Wähler, die sich in Brief- oder Urnenwahl mit der *Erststimme* für eine Wahlkreiskandidatin oder -kandidaten entscheiden und mit der *Zweitstimme* für eine bestimmte Partei.

Das aktuelle Wahlrecht orientiert sich wiederum einerseits an der einschlägigen Rechtsprechung des Bundesverfassungsgerichts und andererseits – auch hier ist Ehrlichkeit notwendig – an den politischen Interessen der einzelnen Parteien, die sehr unterschiedlich sind.

Theoretisch ist die Lage sehr übersichtlich, in der Praxis allerdings sehr kompliziert. So ist das in der Politik häufig, wenn Theorie auf Praxis trifft. Dem Deutschen Bundestag sollen (nur) 598 Abgeordnete angehören. Gewählt je zur Hälfte in den Wahlkreisen oder über die Landeslisten der Parteien. Folgerichtig wurde das Bundesgebiet in 299 Wahlkreise eingeteilt, alle in etwa mit gleicher oder zumindest vergleichbarer Größe – zwischen 270.000 und 300.000 Einwohnern. Diese Zahlen dürfen auch nicht erheblich über- oder unterschritten werden, sonst werden Wahlkreisneueinteilungen notwendig. Diese sorgen dann, je nach politischer Präferenz der neu zugeteilten Kommunen, bei den örtlichen Kandidatinnen und Kandidaten der Parteien für Freude oder Verdruss. Von Nord (Wahlkreis 1 = Flensburg-Schleswig) bis Süd (Wahlkreis 299 = Homburg / Saarland). Aber warum ist der Wahlkreis Homburg im Saarland der südlichste? Gute Frage. Komplizierte Antwort: Weil die südlichste Nordgrenze eines Bundeslandes im Saarland liegt! Nicht die südlichste Südgrenze! Und wieder einmal wäre bewiesen: Kompliziert können wir gut!

Wer aber glaubt, das sei schon kompliziert genug, dem sei gesagt: Es geht noch komplizierter! Denn allein entscheidend für die Zusammensetzung des Parlaments sollen nach unserem Wahlrecht ausschließlich die *Zweitstimmen* sein! Nur sie entscheiden am Ende darüber, wie viele Abgeordnete auf eine Partei insgesamt entfallen und wie groß die später zu bildenden Fraktionen im Parlament sein werden, wer eine Parlamentsmehrheit bilden kann und wer in der Opposition landet.

Für die *Erststimme* hingegen gilt – und galt schon immer – das Prinzip »Mehrheit ist Mehrheit«. Auch wenn eine Kandidatin oder ein Kandidat im Wahlkreis nur 25 Prozent der Stimmen erhält, ist der Wahlkreis gewonnen, wenn alle anderen noch weniger Zustimmung erfahren. Das wiederum bedeutet: Auch wenn eine Partei die Hälfte aller Direktmandate in den Wahlkreisen erobert hat, aber vielleicht nur 35 Prozent der *Zweitstimmen*, wird die Anzahl ihrer Parlamentssitze nur anhand der *Zweitstimmen* errechnet. Allerdings haben natürlich alle, die ihren Wahlkreis gewonnen haben, einen Sitz im Parlament sicher. Auch das könnte man jetzt noch weiter ausdifferenzieren, aber auch dieses Kapitel möchte gerne bis zum Ende gelesen werden.

Das bereits erwähnte System der Überhang- und Ausgleichsmandate dient letztlich dazu, den Bundestag in seiner Zusammensetzung so auszutarieren, dass die Größe der einzelnen Parteien / Fraktionen dem Wählerwillen möglichst exakt entspricht. Genauer gesagt: dem Willen der Wählerinnen und Wähler, der in der Abgabe der *Zweitstimme* zum Ausdruck kommt. Wie groß die Diskrepanz zwischen Erst- und Zweitstimmenergebnis sein kann, lässt sich exemplarisch an meinem eigenen Ergebnis bei der Bundestagswahl 2013 verdeutlichen: Während auf den Wahlkreisbewerber Bosbach mehr als 58 Prozent der *Erststimmen* entfielen, konnte meine Partei, die CDU, nur 43,7 Prozent an *Zweitstimmen* erzielen. Allerdings war auch das ein sehr gutes Ergebnis, von dem wir heute nur träumen können.

Durch die stetig gestiegene Anzahl von Überhang- und Ausgleichsmandaten ist das Parlament kontinuierlich größer geworden, und das Publikum reibt sich verwundert die Augen, warum es den Parteien nicht gelingt, eine Wahlrechtsreform auf den Weg zu bringen, die genau diesen Effekt verhindert.

Möglich? Ja!

Aber: Es dürfte kein Reformkonzept geben, das sowohl zu dem gewünschten Ergebnis führt als auch keine Partei bevorzugt oder benachteiligt. Und wenn die Partei A von einem neuen Wahlrecht einen Vorteil hat, geht er vermutlich zulasten der Partei B. Und umgekehrt. Und wieder dreht sich alles im Kreis.

Das wird zwar nicht laut gesagt, aber von allen Parteien gedacht: Nichts gegen eine Reform des Wahlrechts, aber wenn das Ergebnis eine Reduzierung von Mandatssitzen bedeutet, soll meine eigene Partei davon nicht betroffen sein. Oder: Änderungen ja, aber bitte nur zulasten anderer. Ganz Kluge werden jetzt fordern: »Dann muss eben eine Reform her, die alle Parteien in gleicher Weise bevorzugt oder benachteiligt.« Gute Idee! Indes ist es bis zur Stunde noch niemandem gelungen, eine solche Reform in Gesetzessprache zu gießen, und ich fürchte, dass wird auch so bleiben. Immerhin hat sich Wolfgang Schäuble, damals noch Präsident des Deutschen Bundestags, vor einigen Jahren getraut, einen konkreten Reformvorschlag zu unterbreiten: maßvolle Reduzierung der Zahl der Wahlkreise von jetzt 299 auf 270 oder maximal 280, Zug um Zug gegen eine relativ geringe Zahl von Überhangmandaten, die *nicht* ausgeglichen werden. Da aber die Union traditionell die meisten Wahlkreise gewinnt, jedenfalls war es in der Vergangenheit so, formierte sich gerade dort sofort der Widerstand. Obwohl dies die politische Heimat von Wolfgang Schäuble ist. Der Grund: Damals bestand die Unionsfraktion zu 90 Prozent aus direkt gewählten Abgeordneten. Widerstand allein ist allerdings keine zielführende Politik, erst recht kein überzeugendes Reformkonzept. Wo, liebe Union, bleibt die bessere Alternative?

Seit der Wahl von 2021 haben sich die Verhältnisse im Bundestag grundlegend verändert. FDP und Grüne, traditionell nur mit wenigen Direktmandaten im Parlament vertreten, wollten schon in der vergangenen Legislaturperiode die Zahl der Wahlkreise wesentlich stärker reduzieren. Jetzt sind beide mit der SPD in der Regierung und verfügen über eine deutliche Mehrheit im Parlament. Und alle drei Parteien verheimlichen auch nicht, wie sie sich eine Reform vorstellen, denn im Koalitionsvertrag heißt es: »Wir werden innerhalb des ersten Jahres das Wahlrecht überarbeiten, um nachhaltig das Anwachsen des Bundestages zu verhindern. Der Bundestag muss effektiv in Richtung der gesetzlichen Regelgröße (598) verkleinert werden. Eine Verzerrung durch unausgeglichene Überhangmandate lehnen wir ab.« Frei übersetzt: Sollten Parteien von der Reform einen Nachteil haben, dann bitte CDU und CSU und nicht die Ampel-Parteien. So viel Ehrlichkeit ist selten.

Kleine, aber nicht unwichtige Notiz am Rande: Das aktuelle Wahlrecht stärkt den Einfluss der Parteien leider zulasten der direkt gewählten Parlamentarier. Das Verhältnis der direkt gewählten Abgeordneten zu den Listenmandatsträgern soll ja 50:50 sein. Tatsächlich beträgt die Relation zurzeit 40:60. Das wollten die Mütter und Väter des Grundgesetzes ganz gewiss nicht.

So oder so: Wenn die Parteien glauben, sie hätten einen Vorteil davon, wenn unbestreitbar notwendige, sinnvolle Reformen verzögert oder gar vereitelt werden, so irren sie. Und zwar gewaltig! Die Bürgerinnen und Bürger erwarten zu Recht, dass sich (auch) hier etwas ändert, und zwar sehr schnell. Die nächste reguläre Bundestagswahl wird im Frühherbst 2025 stattfinden, und jede Reform muss so rechtzeitig in Kraft treten, dass sich die Parteien und ihre Kandidatinnen und Kandidaten rechtzeitig auf Veränderungen einstellen können, erst recht bei umfangreichen Änderungen in den Wahlkreiseinteilungen. Und vielleicht wird auch hier am Ende wieder einmal Karlsruhe das letzte Wort haben.

Nicht der Fehler ist das größte Problem

—

Wer wirklich Autorität hat, wird sich
nicht scheuen, Fehler zuzugeben.

Bertrand Russell

Ursula Heinen-Esser ist eine erfahrene Politikerin. Sie trat schon mit knapp 18 Jahren in die Junge Union, die Nachwuchsorganisation von CDU und CSU, ein, engagierte sich im Ring Christlich-Demokratischer Studenten (RCDS) und war zunächst fünf Jahre stellvertretende Vorsitzende des CDU-Kreisverbands Köln, später stellvertretende Vorsitzende der CDU in Nordrhein-Westfalen.

Von 1998 bis 2013 war sie Mitglied des Deutschen Bundestags, bis 2002 Vorsitzende der Jungen Gruppe der CDU/CSU-Bundestagsfraktion. Sie war Mitglied des Fraktionsvorstands, Beauftragte der Fraktion für Verbraucherschutz und Lebensmittelsicherheit, Vorsitzende der Gruppe der Frauen in der Fraktion, 2007 wurde sie sogar zur parlamentarischen Staatssekretärin ernannt.

Am 13. Mai 2012 wurde sie in den Landtag von NRW gewählt, wollte dann aber lieber im Bundestag bleiben. Im April 2014 wurde sie neben Michael Müller Co-Vorsitzende der Kommission Lagerung hochradioaktiver Abfallstoffe – bis sie endlich am 29. Mai 2018 vom damaligen NRW-Ministerpräsidenten Armin Laschet zur Ministerin für Umwelt, Landwirtschaft, Natur- und Verbraucherschutz ernannt wurde. Ihr großer Traum, ein Ministeramt zu bekleiden, war endlich in Erfüllung gegangen! Sie galt als fleißig und kompetent. Armin Laschet hat ihre Berufung in das Amt sicher nicht bereut.

Dann kam die Flut.

Mitte Juli 2021 waren durch die verheerende Flutkatastrophe nicht nur das Ahrtal und andere Gebiete von Rheinland-Pfalz von den herabstürzenden Wassermassen schwer getroffen worden, sondern auch einige Regionen in Nordrhein-Westfalen, darunter die Städteregion Aachen, die Landkreise Rhein-Sieg, Mettmann, Heinsberg, Oberberg und Rheinberg sowie die Städte Wuppertal und Düren. Häuser wurden unterspült, von den Wassermassen mitgerissen, die Infrastruktur erheblich beschädigt. Allein im Landkreis Euskirchen starben 27 Menschen infolge der Naturkatastrophe.

Zwar hielt sich die Ministerin am 15. und 16. Juli 2021 in NRW auf, dann allerdings zog es sie (zurück) in ihre Zweitwohnung auf Mallorca. So weit, so schlecht, denn es dürfte keinen ernsthaften Zweifel daran geben, dass der richtige Platz weiterhin NRW gewesen wäre – selbst wenn es die modernen Informations- und Kommunikationsmittel erlauben, auch vom Ausland aus wichtige Dienstgeschäfte wahrzunehmen. Und schließlich war zu diesem Zeitpunkt ja wegen Corona Homeoffice irgendwie »in«, obwohl hier der Begriff »Holiday office« passender gewesen wäre. Das allerdings ist der Öffentlichkeit, zurückhaltend formuliert, kaum vermittelbar, denn natürlich erwartet sie Präsenz vor Ort! In der Staatskanzlei, im Ministerium und natürlich auch in den besonders betroffenen Regionen von NRW. Dort, wo die Flutkatastrophe besonders verheerende Folgen mit sich brachte. In diesen Tagen ging es nun wirklich nicht um den gelegentlich kritisierten »Katastrophentourismus« von Politikern, sondern um die Dokumentation von Interesse an den Verhältnissen vor Ort, das Gespräch mit Betroffenen, aber auch mit den vielen Helferinnen und Helfern, um Anteilnahme und Empathie. Kurzum: Um Präsenz! Das alles lässt sich von Mallorca aus nun wirklich nicht realisieren.

Des ungeachtet vergingen zunächst einige Monate ohne besondere Vorkommnisse, bis sich der parlamentarische Untersuchungsausschuss des Landtags NRW zur Aufarbeitung der Flutkatastrophe dieser Sache annahm.

Liebe Leserin, lieber Leser, für wie wahrscheinlich halten Sie es, dass eine Geburtstagsfeier des Ehemanns der damaligen Ministerin auf Mallorca, an der – ausgerechnet in diesem Juli 2021 – zwei weitere Landesminister und eine Staatssekretärin teilnahmen, auf Dauer geheim bleibt? Unter 1 Prozent? Gut geschätzt, aber meine politische Erfahrung sagt mir: 0 Prozent!

Irgendwie muss Ursula Heinen-Esser schon ganz zu Beginn der Aufarbeitung (auch) ihrer damaligen Aktivitäten geahnt haben, dass da ein größeres Problem auf sie zukommen würde. Denn anstatt sofort den gesamten Sachverhalt lückenlos dokumentiert offenzulegen, sowohl im Hinblick auf die zeitliche Abfolge als auch auf ihre Gründe zur Rückkehr nach Mallorca, verstrickte sie sich in Widersprüche, Unklarheiten und provozierte Missverständnisse – bis es am Ende nicht mehr zu verheimlichen war, dass am 23. Juli 2021 unter südlicher Sonne in illustrer Runde der 76. Geburtstag des Gatten zu feiern war. Zu ihren Gunsten unterstellt, dass sie in diesen Tagen tatsächlich von Mallorca aus permanent »online«, erreichbar und handlungsfähig war: Welche Bilder müssen zwangsläufig in den Köpfen von Menschen entstehen, die um ihr Leben, um ihre Existenz kämpfen, während die Ministerin zeitgleich im Urlaub weilt – selbst wenn sie in Mallorca mehr gearbeitet als gefeiert hat: »Nicht vermittelbar« dürfte eine eher untertriebene Bewertung sein.

Persönliche Konsequenzen wollte sie dennoch zunächst nicht ziehen, aber am 7. April 2022, wenige Wochen vor der NRW-Wahl am 15. Mai 2022, trat sie von ihrem Ministeramt zurück.

Hätte sich der Rücktritt vermeiden lassen? Schwer zu sagen, denn für die Opposition im Landtag von NRW war die Causa Heinen-Esser, zumal mitten im Wahlkampf, ein »gefundenes Fressen«. Die Berichterstattungen und Kommentierungen waren sehr, sehr kritisch, in der Summe für die Union eine echte Belastung. Auf jeden Fall wäre es nicht nur klüger, sondern viel sinnvoller gewesen, von Anfang an die Dinge klar zu benennen – und ganz offen Fehler einzugestehen! Wer selbst glaubt, sich richtig und verantwortungsbewusst verhalten zu haben, der muss doch nicht drumherum reden!

Nicht nur, aber gerade in der Politik ist oftmals der Umgang mit Fehlern das größere Problem als der Fehler selber! Vielleicht gelingt es ja, sich irgendwie herauszureden? Das geht selten gut. Vielleicht lässt sich ja doch Problematisches verheimlichen? Das geht nie gut. In solchen Situationen braucht man kluge Mitarbeiterinnen und Mitarbeiter, die dem Chef – oder hier: der Chefin – nicht sagen, was er oder sie gerne hören möchte, sondern Klartext sprechen! Freunde, die bodenständig und schonungslos die Lage analysieren und keine Spindoctors, die mit einer Mischung aus »Framing« und »Wording« zu retten versuchen, was nicht mehr zu retten ist.

Die Menschen mögen Offenheit und Authentizität. Wenn Fehler eingestanden und nicht in peinlicher Weise vertuscht werden sollen, nötigt das den meisten Menschen Respekt ab!

»So war es. Von heute aus betrachtet habe ich einen Fehler gemacht, den ich sehr bereue. Ich habe keinen Anspruch auf Verständnis, ich kann nur um Entschuldigung und Verständnis für meine damalige Situation bitten!« Was um Himmels willen wäre an diesen Sätzen so schwierig gewesen? Weil Minister/Ministerinnen qua Amt keine Fehler machen? Oder diese nicht zugeben dürfen?

Natürlich hätte die Opposition weiter herumkritisiert, aber es wäre ein kleiner Befreiungsschlag gewesen, den viele im Lande positiv bewertet hätten. Aber so?

Und wenn man meint, schlimmer kann es nicht kommen, erscheint auf der Bühne des öffentlichen Interesses ein Mitarbeiter der parlamentarischen Geschäftsführerin der SPD-Landtagsfraktion NRW Sarah Philipp, der doch tatsächlich versucht hatte, den Instagram-Account der 16-jährigen Tochter der Ministerin auszuspähen. Vielleicht lässt sich ja dort belastendes Material für eine anschließende parlamentarische Schlammschlacht finden!? Dieser ist natürlich ohne Wissen der Abgeordneten aktiv geworden. Das kann man glauben, man muss es aber nicht. So oder so. Mieser geht es kaum. Wieder einmal ein echter Hilferuf von der MS Niveau: Hilfe, wir sinken!

Kurze Zeit danach muss auch die Bundesfamilienministerin Anne Spiegel (Bündnis 90/Die Grünen) zurücktreten. Nein, es war kein (zu) langer Urlaub zur Krisenzeit, der ihr zum Verhängnis wurde, auch nicht der peinliche Umstand, dass sie den Eindruck erzeugte, dass ihr das eigene Image wichtiger war als das Schicksal der Flutopfer – am Ende war es ein katastrophales Interview mit dem denkwürdigen, irgendwie zur Seite gesprochenen Satz: »Jetzt muss ich's noch irgendwie abbinden.«

Zunächst hatte sie durchaus eindrucksvoll und nachvollziehbar von ihrer sehr schwierigen privaten Situation gesprochen, von einer heillosen Überforderung. Nicht politisch, aber psychisch und emotional. Vielleicht auch kräftemäßig. Ich war in diesen Minuten bestimmt nicht der Einzige, der irgendwie Verständnis und Mitleid mit ihr hatte. Aber dann dieser verheerende Schlusssatz, der den Eindruck erzeugte, als sei man Zuschauer einer Inszenierung, als sei dieser Auftritt sorgsam einstudiert worden. Wieso hat Anne Spiegel niemand vor diesem Debakel bewahrt? Wer immer sie zu diesem Auftritt bewegt hat – das war ein schwerer Fehler.

Ja, Politik kann manchmal kalt, hartherzig, vielleicht sogar ein wenig grausam sein – zumindest so erscheinen. Aber nicht erst seit Kurzem. Umso mehr erstaunt es, dass auch immer die gleichen Fehler gemacht werden!

Übrigens, viel schwerwiegender sind politische Fehler, die nicht im persönlichen, sondern im politischen Fehlverhalten zu verorten sind und ganz unmittelbare Auswirkungen auf das Land haben. Das Treiben der Ministerpräsidentin von Mecklenburg-Vorpommern, Manuela Schwesig (SPD), rund um die dubiose Stiftung Umwelt und Naturschutz des Landes ist geprägt von gravierenden politischen Fehlern und Fehleinschätzungen. Alle Vorgänge rund um die Stiftung politisch-parlamentarisch aufzuklären und aufzuarbeiten, wäre inhaltlich wichtiger als alle Fragen nach der Urlaubsgestaltung der Ministerinnen Heinen-Esser und Spiegel – aber auch viel komplexer und komplizierter. Das hält Frau Schwesig bis zur Stunde im Amt. Nur das.

Sieben Millionen!

Wenn du aus dem, was dir verloren scheint,
nur etwas gewinnst, hast du schon gewonnen.

Roswitha Bloch

Ja, es stimmt. In der Causa Armin Laschet bin ich befangen! Es hat auch keinen Zweck, nur so zu tun, als sei ich bei der Beobachtung und Beschreibung seines politischen Lebenswegs eine Art neutraler Beobachter, frei von persönlicher Sympathie oder Antipathie. Ich käme nie auf den Gedanken, eine Freundschaft davon abhängig zu machen, ob die Personen, mit denen ich befreundet bin, politisch auf der Erfolgsspur unterwegs sind oder eher in umgekehrter Richtung.

Ja, ich mag Armin Laschet. Ich halte ihn für einen durch und durch anständigen Kerl. Nicht frei von Fehlern – wer ist das schon? – oder Fehleinschätzungen, aber angenehm im Umgang. Zugewandt und aufmerksam im persönlichen Gespräch, setzt er im Meinungskampf lieber seinen hellwachen Verstand als die Ellbogen ein und ist frei von einem breitbeinigen oder gar arroganten Auftreten. Auf die Idee, jemandem die Hand zu geben, ohne ihn dabei auch nur eine Sekunde anzusehen, käme er nicht. Andere schon. Leider.

Es gibt sicherlich einige, die diese Bewertung nicht teilen oder relativieren würden, aber deren Zahl dürfte überschaubar sein. Anfang 2021 habe ich sehr oft gehört: »Der Armin ist ja wirklich ein guter Ministerpräsident und auch ein netter Kerl, aber …« Dieses »Aber« bezog sich meistens auf zwei Fragen: Warum will er denn unbedingt Kanzlerkandidat der Union werden? Wieso glaubt er, dass wir mit ihm als Spitzenkandidaten die besten Chancen haben, wenn alle Umfragen etwas anderes sagen? Diese Fragen waren legitim und lagen angesichts der demoskopischen Befunde auf der Hand.

1994 sind wir beide zusammen in den Deutschen Bundestag eingezogen. Die Zusammenarbeit endete jedoch schon vier Jahre später. Bei der Wahl 1998 verlor Laschet sein Direktmandat im Wahlkreis Aachen-Stadt, das er vier Jahre zuvor erstmals errungen hatte. Aber schon ein Jahr später wurde er in das Europäische Parlament gewählt, dem er bis 2005 angehörte. Am 24. Juni 2005 wurde er in das Kabinett des damaligen Ministerpräsidenten von NRW, Jürgen Rüttgers, berufen und fungierte fortan als Integrations- und Familienminister.

Kleine Episode am Rande: In dieser Zeit war ich (als Nachfolger von Jürgen Rüttgers in diesem Amt) einer der stellvertretenden Vorsitzenden der CDU / CSU-Bundestagsfraktion, zuständig unter anderem für die Innen- und Rechtspolitik und damit auch für die Themen Migration und Integration. Und da sich Armin Laschet, seinerzeit Integrationsminister in NRW, für diese Themen ebenfalls stark interessierte und engagierte, sollte ich ihn unbedingt zu einer Dienstreise nach Jordanien und Syrien begleiten, denn schon damals gab es starke Fluchtbewegungen in diesem Raum, vor allem in Richtung der angrenzenden Nachbarländer. Da aber nach meiner Erfahrung mehrtägige Dienstreisen immer mit dem unangenehmen Effekt der doppelten Arbeit nach der Rückkehr verbunden waren, habe ich zunächst etwas gezögert. Dann allerdings zog Armin Laschet seinen ultimativen Trumpf: Wir würden auch von Rania von Jordanien empfangen, seit 1999 Königin dieses interessanten Landes. Der kleine Wolfgang aus Bergisch Gladbach als Gast ihrer Majestät im Raghadan-Palast! Da konnte ich natürlich nicht Nein sagen: Also für die Reise extra den besten Anzug eingepackt – aber unser Gesprächspartner war dann allerdings ein zwar sehr netter, aber doch schon etwas älterer Herr, zweifellos nicht die Königin. Irgendwie hatte ich nicht das Gefühl, dass Armin total überrascht war …

Bei der vorgezogenen NRW-Wahl im Mai 2012 zog Armin Laschet erneut in den Landtag von NRW ein und wurde 19 Monate später Vorsitzender der dortigen CDU-Landtagsfraktion und somit Oppositionsführer. Nach der Landtagswahl 2017 wurde er am 27. Juni 2017 mit den Stimmen einer schwarzgelben Koalition aus CDU und FDP zum 11. Ministerpräsidenten von NRW gewählt.

Das war der vielleicht glücklichste Tag in seinem politischen Leben.

Sein Wahlsieg kam für viele, auch für mich, überraschend, denn die CDU von NRW hatte mit nur 33 Prozent aller Stimmen ihr bis dahin zweitschlechtestes Ergebnis bei einer Landtagswahl erzielt. Da aber nach dem vorangegangenen Debakel mit dem CDU-Spitzenkandidaten Norbert Röttgen, damals noch Bundesminister, ein sattes Plus von 6,7 Prozent zu verzeichnen war, fiel das nicht weiter auf. Hauptsache gewonnen!

Hinzu kam, dass es der SPD bei dieser Wahl gelungen war,

mit nur 31,2 Prozent ihr allerschlechtestes Resultat bei Landtagswahlen in NRW zu erzielen – meilenweit entfernt von der Zustimmung, die einst Johannes Rau erhielt. Das war umso erstaunlicher, als die SPD mit ihrer populären Ministerpräsidentin Hannelore Kraft angetreten war. Und da Die Linke zeitgleich knapp an der 5-Prozent-Hürde scheiterte, reichte es tatsächlich für Schwarz-Gelb. Nur einige tausend Stimmen für Die Linke mehr und NRW hätte mit ziemlicher Sicherheit stattdessen eine rot-rot-grüne Landesregierung bekommen.

So aber konnte, wenn auch mit einer nur hauchdünnen Mehrheit im Parlament, Armin Laschet an der Spitze der Landesregierung mehr als vier Jahre lang behaupten, dass die Wählerinnen und Wähler in seinem Heimatland eine gute Entscheidung getroffen hatten. Aber er wollte mehr!

In solchen Situationen wird gerne erzählt, man selber strebe nur mit größtem Respekt und Demut noch höhere Ziele an, eigentlich sei das Amt, das man derzeit innehabe, auch eine wunderbare Aufgabe (alternativ: Herausforderung), die man mit Freude und größtmöglicher Hingabe gerne erfülle. Aber die Parteifreunde, viele Bürgerinnen und Bürger, na ja, sie wissen schon, hätten halt eindringlich darum gebeten, dem könne man sich aus Verantwortung für Deutschland nicht entziehen und so weiter. Das ist auch verständlich, denn ein schlichtes »Ministerpräsident schön und gut, aber Kanzler ist das noch viel attraktivere Amt!« klingt in den Ohren des umworbenen Publikums nicht besonders gut.

So wurde Armin Laschet – wenn auch erst nach einem zähen Ringen mit der Schwesterpartei CSU und ihrem Vorsitzenden, Ministerpräsident Markus Söder – Kanzlerkandidat der Union bei der Bundestagswahl 2021. Und anders als Norbert Röttgen fünf Jahre zuvor agierte er mit offenem Visier und einer klaren Ansage: Sieg oder Niederlage, er würde definitiv nach Berlin wechseln. Entweder als Kanzler oder als Oppositionsführer! Damit war auch klar: Wenige Monate vor dem nächsten Wahlgang in NRW würde es dort an der Spitze der Landesregierung zu einem Wechsel kommen. Immerhin dieser Stabwechsel auf Hendrik Wüst klappte zügig, geräuschlos und unfallfrei. Das politische Porzellan blieb heil, von innerparteilichen Kämpfen keine Spur, eine neue, schöne Erfahrung und zweifellos eine wichtige Voraussetzung für den selbst von vielen Christdemokraten nicht erwarteten guten Wahlausgang bei der NRW-Wahl am 15. Mai 2022. Armin Laschet war von Herzen gerne Ministerpräsident von Nordrhein-Westfalen. Der Tausch dieses Amtes mit einem Sitz in den hinteren Reihen der CDU / CSU-Bundestagsfraktion war für ihn besonders schmerzlich. Dieser Platz war in seinem politischen Masterplan ganz sicher nicht vorgesehen.

Als er dort Platz nehmen musste, war dies vermutlich der bitterste Moment seines langen politischen Lebens.

Vermutlich ist Armin Laschet Anfang 2021 tatsächlich davon ausgegangen, dass er trotz einer schwierigen Ausgangslage für die Union dennoch gute Chancen habe, in das Kanzleramt einzuziehen. Hauptsache, stärkste politische Kraft werden – alles andere wird sich dann schon ergeben. Hat er zwar nicht gesagt, aber er hat sicher so gedacht. Und ganz gewiss nicht nur er. Außerdem konnte sich Armin Laschet auch auf das Grundgesetz berufen, wenn auch »nur« auf das kölsche Grundgesetz, kurz das KöGG. Dessen Artikel 3 lautet: »Et hätt noch immer joot jejange!« Und wenn wider Erwarten doch nicht, dann bliebe ihm ja immer noch das Amt des Oppositionsführers, denn schließlich war er ja der Vorsitzende der CDU Deutschland!

Allerdings enthält das KöGG insgesamt 11 Artikel und der fünfte lautet: »Nix bliev, wie et wor!« Heute wissen wir, dass sich für Armin Laschet weder die eine noch die andere Hoffnung erfüllt hat. Auch das Amt des Bundesvorsitzenden hatte er nur kurze Zeit inne – ein Jahr und neun Tage.

Von und über Napoleon gibt es viele Geschichten, Anekdoten und Zitate. Teilweise authentisch überliefert, teilweise vermutlich frei erfunden. Vielleicht fällt das folgende Zitat in die zweite Kategorie, aber interessant ist es trotzdem: »Hat er Glück? Sonst will ich ihn nicht!«, soll er über einen hoffnungsvollen Generals- oder Marschallaspiranten gesagt haben. Eine ordentliche militärische Ausbildung, strategisches Denken, Mut und Tapferkeit allein reichten Napoleon demnach offenkundig nicht.

Allzu viel Fortune hatte Armin Laschet bei seiner Kanzlerkandidatur nun wirklich nicht. Aber es wäre viel zu schlicht und auch ungerecht, nur bei ihm den Grund für das traurige Ergebnis von nur 24,1 Prozent aller Stimmen zu suchen. Die Gründe hierfür sind vielschichtig und liegen auch in der Vergangenheit. Aber es ist natürlich viel einfacher zu sagen: »Der Armin, der hat es vermasselt!«

Schauen wir einmal kurz ein paar Jahre zurück. Bei der Wahl 2013 erzielten CDU und CSU sehr gute 41,5 Prozent aller Zweitstimmen. Damals votierten 18.165.446 Wählerinnen und Wähler für die Union. Vier Jahre später sank diese Zahl auf 15.317.344 – ein Verlust von mehr als 2,8 Millionen Stimmen in nur vier Jahren. Und nirgendwo war an der falschen Stelle gelacht worden. 2021 machten dann nur noch 11 178 298 Stimmberechtigte ihr Kreuz hinter CDU oder CSU – und damit hatte die Union in acht Jahren knapp sieben Millionen Wählerinnen und Wähler verloren. Wegen Armin Laschet? Weil er an der falschen Stelle, zur falschen Zeit gelacht hat? Das dürften noch nicht einmal die schärfsten Kritiker glauben!

Dennoch wird gerne kolportiert, dass die Niederlage in erster Linie darauf zurückzuführen sei, dass Armin Laschet zu einer höchst unpassenden Zeit einen Heiterkeitsanfall erlitten habe. Drei Tage nach Ausbruch der verheerenden Flutkatastrophe Mitte Juli 2021, die insgesamt 134 Todesopfer forderte, besuchte Laschet gemeinsam mit Bundespräsident Frank-Walter Steinmeier das ebenfalls stark betroffene Erftstadt in NRW. Während das Staatsoberhaupt in die Kameras und Mikrofone der mitgereisten Journalisten sprach, wartete Laschet abseits in einer kleinen Gruppe örtlicher Parteifreunde auf seinen Auftritt. Möglicherweise konnte er von dort aus den Bundespräsidenten sehen, vermutlich aber nicht hören.

Noch während dieser sprach, brach in der CDU-Riege Heiterkeit aus. Warum ist mittlerweile bekannt, ehrlich gesagt habe ich schon Lustigeres gehört. Egal. Jedenfalls amüsierte sich auch Armin Laschet prächtig und die mitgereisten Kameraleute auch, denn ihnen war die Szene nicht entgangen. Und deren Bilder verbreiteten sich rasend schnell und führten zu flächendeckendem Kopfschütteln und Unverständnis. Das war auch nachvollziehbar, denn warum – um Himmels willen – musste ausgerechnet in diesem Moment herzhaft gelacht werden? Ausgerechnet in einem Katastrophengebiet, noch während der Bundespräsident sprach? Was und zu wem auch immer?

Das war ein Wendepunkt im Wahlkampf. Das lässt sich anhand der demoskopischen Befunde des Sommers 2021 ziemlich genau feststellen. Lag die Union im Mix verschiedener Meinungsforschungsinstitute bis Mitte Juli 2021 noch bei knapp 30 Prozent, ging es danach kontinuierlich abwärts. Einen leichten Aufwärtstrend gab es erst wieder Anfang September, aber das Niveau von Anfang Juli – oder vom März 2021, als die Union noch satte 15 Prozent vor der SPD lag – konnte nicht annähernd wieder erreicht werden.

Das allein war aber nicht der Grund für das schlechte Abschneiden von CDU und CSU. Der Zuspruch zur Union sank bereits von März bis Mai 2021 deutlich, und zwar in etwa so stark wie von Juli bis September 2021. Das wird heute gerne vergessen oder verdrängt.

Viel entscheidender war, dass die Union politisch-inhaltlich nicht klar genug kommunizieren konnte, welche großen politischen Ziele sie in der kommenden Wahlperiode erreichen wollte. Nicht abstrakt in Überschriften oder pauschalen Zielen wie »Versöhnung von Ökonomie und Ökologie«, sondern ganz konkret, nachvollziehbar und leicht verständlich. Und wenn doch, dann ließ der rhetorische Konter »Aber sie sind doch schon 16 Jahre lang an der Regierung, warum haben sie das nicht schon längt gemacht?« nicht lange auf sich warten. Gerade so, als sei Politik kein dynamischer Prozess, sondern nur eine einzige große Aufgabe, die man in einem Schwung lösen könne. Die SPD hat sich in den Diskussionsrunden nicht lange mit den großen Linien aufgehalten, sondern immer handfest argumentiert. Egal welche Themen aufgerufen und welche Fragen gestellt wurden, Olaf Scholz war spätestens nach 30 Sekunden beim Mindestlohn oder beim Mietendeckel. Und wenn die Grünen etwas zur Außen- oder Sozialpolitik sagen sollten, landeten sie in kürzester Zeit immer beim Klimawandel, den angeblichen oder tatsächlichen Versäumnissen in der Klimapolitik.

Wir denken oft: Wir müssen jeden Tag neue Themen diskutieren, neue Gedanken formulieren. Doch schon die alten Römer wussten: *Repetitio est mater studiorum!* Ziemlich frei übersetzt: Erst durch die ständige Wiederholung prägt sich das Gesagte ein.

Noch entscheidender war jedoch, dass der Kanzlerkandidat der Union nicht aus dem Amt heraus antreten konnte! Seit 1953 waren alle Kanzler, inklusive Kanzlerin Angela Merkel, als Spitzenkandidaten ihrer Parteien angetreten. Nicht alle wurden wiedergewählt – dieses Schicksal traf zuletzt Gerhard Schröder 2005 –, aber kandidiert hatten sie alle. Bis auf Angela Merkel 2021. Die Folge: Armin Laschet konnte in diesem Wahlkampf nicht sagen: »Sie kennen mich!«

Der Grund? 28. Oktober 2018. Bei den Wahlen zum 20. Hessischen Landtag verlor die CDU von Ministerpräsident Volker Bouffier mehr als 11 Prozentpunkte und landete bei enttäuschenden 27 Prozent. Wenige Tage später kündigte Angela Merkel ihren Rückzug von der CDU-Spitze an, Kanzlerin möchte sie aber bis zum Ende der Wahlperiode bleiben. Da sie jedoch nicht erneut kandidieren wollte, stand fest: Beim nächsten Wahltermin würde die Union ohne Amtsbonus ins Rennen gehen müssen. Zweifellos ein Handicap, ganz unabhängig davon, mit wem die Union an der Spitze in den Wahlkampf ziehen würde.

Wie wichtig das Thema »Amtsbonus« ist, konnte man schon knapp zwei Jahre später sehen, als bei den Landtagswahlen in Rheinland-Pfalz, Baden-Württemberg und Sachsen-Anhalt die jeweiligen Amtsinhaber Malu Dreyer (SPD), Winfried Kretschmann (Bündnis 90 / Die Grünen) und Reiner Haseloff (CDU) überzeugend in ihren Ämtern bestätigt wurden.

Wenn eine Partei in nur wenigen Jahren, wie die Union zwischen 2013 und 2021, einen so großen Verlust an Zuspruch und Vertrauen erleidet, dann kann das nicht nur mit dem Fehlen von Amtsbonus und Wahlkampfnarrativ oder einem unpassenden Lachen zu tun haben. Das muss noch andere Gründe haben. Darüber hätte man längst offen und ehrlich diskutieren müssen. Nicht nur in den Führungsgremien der Parteien, auch mit der Basis. Welche Themen und Trends haben wir falsch eingeschätzt oder vielleicht sogar völlig unterschätzt? Auf welche Fragen hatten und haben wir nicht die richtigen Antworten? Warum haben wir in vielen Politikfeldern unseren traditionellen Kompetenzvorsprung eingebüßt oder gar verloren? Wie können wir gerade für die junge Generation wieder attraktiver werden? Ja, es stimmt, es hätte der Verdacht einer unbotmäßigen Abrechnung mit der Ära Merkel aufkommen können. Natürlich verbunden mit der beliebten, jedoch völlig schrägen Frage: »Was haben Sie eigentlich gegen Frau Merkel?« Aber wenn sich die Union nicht die Mühe macht, ernsthaft nach Ursachen und Gründen für die Niederlage von 2021 zu forschen, wie wollen wir dann verlorenes Terrain zurückgewinnen?

Prüfet alles und behaltet das Gute!

—

Die Bibel ist so voller Gehalt, dass sie mehr als jedes andre Buch Stoff zum Nachdenken und Gelegenheit zu Betrachtungen über die menschlichen Dinge darbietet.

Johann Wolfgang von Goethe

Zwar werden heutzutage schon am Wahlabend die Ergebnisse der einzelnen Parteien nicht nur in Zahlen und Grafiken dargestellt, sondern auch die Wählerwanderungen in erstaunlich kurzer Zeit analysiert, aber über die Wanderungs*motive* können diese Daten keine Auskunft geben. Wenn wir erfahren, welche Partei wie viele Wählerinnen und Wähler von anderen Parteien hinzugewonnen oder an die politische Konkurrenz abgeben musste, kennen wir noch lange nicht die Gründe dafür.

Aufgeschlüsselt wird traditionell das (unterschiedliche) Wahlverhalten von Frauen und Männern und der verschiedenen Altersgruppen. Andere Differenzierungskriterien können auch die Bildungsabschlüsse oder Berufsgruppen sein und die

Unterschiede des Wahlverhaltens in großstädtischen Milieus gegenüber dem im ländlichen Raum. Untersucht wird zudem die unterschiedliche Parteienpräferenz von Wählerinnen und Wählern mit oder ohne Migrationshintergrund und nicht zuletzt, in welchen Politikfeldern den Parteien welche Kompetenz zugeschrieben wird.

So interessant diese Zahlen und Befunde auch sein mögen, die Resultate bleiben immer interpretationsbedürftig. Weniger nach Erfolgen als nach Niederlagen fragen sich die Parteien und deren Kandidatinnen und Kandidaten natürlich immer nach den Ursachen des Ergebnisses, wobei es häufig bei den Fragen bleibt – wenn die Antworten für die Parteispitze unangenehm ausfallen könnten. Zu den klassischen Antworten nach dem berühmten Warum gehören die Sätze: »Weil es uns nicht gelungen ist, unsere politischen Erfolge in der vergangenen Wahlperiode hinreichend zu verdeutlichen« und – in der Variante für eine Partei, die in der Opposition war und dort auch bleiben wird »… unsere besseren politischen Alternativen deutlich zu machen«. In beiden Varianten steckt oft auch ein Körnchen Wahrheit.

Aber es gibt auch Analytiker, die insbesondere nach krachenden Niederlagen das ganze Fundament einer Partei infrage stellen oder zumindest die Statik des Parteigebäudes gravierend verändern wollen. Tenor: Wenn man zurück in die Erfolgsspur will, muss sich die Partei völlig neu aufstellen!

So fragte der kluge und erfahrene Journalist Robert Roßmann in der *Süddeutschen Zeitung* vom 27. Januar 2022, also wenige Wochen nach der Wahlniederlage der Union bei der Bundestagswahl 2021: »Ist das ›Christlich‹ im Parteinamen noch zeitgemäß?« Dabei bezog er sich wohl auf den Mainzer Historiker Andreas Rödder, der in einer Analyse des Wahlergebnisses vom 26. September 2021 zu dem Schluss kam, dass es für die Streichung des »C« gute Gründe gäbe. Jedenfalls Gründe, die seiner Ansicht nach gut seien. Das »C« im Parteinamen werde von vielen als »Barriere für Nichtchristen« wahrgenommen.

Es ist durchaus möglich und keineswegs unwahrscheinlich, dass es tatsächlich Bürgerinnen und Bürger gibt, die um die Union deshalb einen Bogen schlagen, weil sie ernsthaft der Ansicht sind, dass CDU und CSU Parteien nur für Christen seien – das aber war die Union nie und will es auch in Zukunft nicht werden.

Käme die Union dieser Empfehlung tatsächlich nach, wäre es offenkundig, dass hierfür nicht programmatische, politisch-inhaltliche Gründe maßgeblich wären, sondern purer Opportunismus. Dass zwar die Marke geändert würde, nicht aber der Inhalt. Volkstümlich formuliert: »Aus Raider wird Twix« auf politisch.

So wie Christen sich auch in anderen Parteien als bei CDU und CSU engagieren, sind auch Nichtchristen in deren Reihen zu finden, weil sie das Grundanliegen der Unionsparteien für ihr politisches Handeln teilen: Politik auf der Basis des christlichen Menschenbilds. Das »C« bedeutet ja gerade *nicht*, dass CDU und CSU Parteien exklusiv für Christen sind, sondern für all jene, für die das christliche Bild vom Menschen das Wertefundament ihrer politischen Überzeugung ist. Dieses Bild vom Menschen soll die Leitidee politischen Handelns sein.

Der Mensch ist nach christlichem Verständnis Geschöpf und Abbild Gottes, mit einer eigenen, individuellen Würde. Im *Lexikon der Christlichen Demokratie in Deutschland* von Winfried Becker, Günter Buchstab u.a. heißt es dazu: »Der Mensch ist sittliches Subjekt, weil er in freier Entscheidung selbstbestimmt zu handeln und die Unterscheidung zwischen Gut und Böse zu treffen vermag. Sein Tun und Lassen ist ihm zuzurechnen. Er trägt dafür vor sich selber, vor seinen Mitmenschen und vor Gott Verantwortung.«

Deshalb tritt Thomas Rachel, der Bundesvorsitzende des Evangelischen Arbeitskreises von CDU und CSU und einer der klügsten Köpfe der gemeinsamen Bundestagsfraktion, Andreas Rödder auch entschieden entgegen: »Das ›C‹ ist aufgrund seiner universellen Botschaft weltanschaulich gerade *nicht* exklusiv, sondern plural anschlussfähig, inklusiv und integrativ. Es ist gerade in Zeiten von Werteverfall und gesellschaftlicher Orientierungsnot so attraktiv wie nie zuvor, nicht zuletzt für Konfessionslose und Andersgläubige. Das ›C‹ bildet somit den zentralen Markenkern und das Alleinstellungsmerkmal der Unionsparteien.«

Thomas Rachel ist zuzustimmen, denn bei einer Streichung des »C« hätte die Union wesentlich mehr zu verlieren als zu gewinnen. Die allermeisten Mitglieder sind ja nicht *trotz*, sondern *wegen* des »C« in die Partei eingetreten. Mit der Streichung würden sich die C-Parteien selbst Profil und Orientierung nehmen. Der erhoffte politische Geländegewinn ist rein spekulativ, der Verlust wäre so gut wie sicher. Eine Streichung würde man ja auch nicht mit einer grundsätzlichen programmatischen Neuausrichtung begründen, die ein Re-Branding von CDU und CSU notwendig machen würde, und erst recht nicht mit der Loslösung vom Orientierungsmaßstab des christlichen Menschenbilds. Der Grund wäre offensichtlich reiner Opportunismus.

Die Folge: Erneut würde die Union zuerst an Vertrauen und dann an Zustimmung verlieren. Gerade von bürgerlichen Parteien erwarten die Bürgerinnen und Bürger zu Recht, dass sie Prinzipien oder Überzeugungen nicht je nach Tagesform über Bord werfen. Bei der Meinungsbildung und Entscheidungsfindung könnte auch bei diesem Thema ein Blick in die Bibel helfen:

Erster Brief des Apostels Paulus an die Thessalonicher, Kapitel 5, Vers 21: »Prüfet alles und behaltet das Gute!«

Schiller, *Don Carlos*, 3. Akt, 10. Auftritt

Reading makes a full man, meditation
a profound man, discourse a clear man!

Benjamin Franklin

»Geben Sie Gedankenfreit, Sire!«, lässt Friedrich Schiller in seinem Drama *Don Carlos* den Marquis Posa zu König Philipp sagen. Ein Satz, der perfekt zur damaligen Zeit passte und bis heute nicht an Bedeutung verloren hat.

Diese Forderung könnte man zumindest ab und zu auch den Spitzen von Parteien oder Fraktionen zurufen, wenn diese wieder einmal die riesengroße Sorge haben, dass in ihren Reihen über bestimmte Themen kontrovers diskutiert werden könnte. In diesen Situationen ist es sehr beliebt, das angestrebte innerparteiliche Diskussionsverbot mit dem Satz »Die Leute mögen keinen Streit!« zu begründen.

Völlig falsch ist dieser Hinweis sicherlich nicht, zumal das Wort »Streit« im Gegensatz zum Begriff der »Diskussion« eine durchweg negative Konnotation hat. Fragwürdig ist er dennoch, wenn sich hinter der angestrebten Debattenbremse in Wahrheit der Gedanke der »Alternativlosigkeit« verbirgt. Frei nach dem Motto: »Die Führung hat entschieden! Das ist jetzt nun mal so! Selbst wenn ihr jetzt noch stundenlang über das Pro und Contra diskutiert, bleibt es am Ende doch dabei, und deshalb können wir uns jede Diskussion darüber gleich sparen!«

Nach dem Überfall Russlands auf die Ukraine am 24. Februar 2022 verkündete Bundeskanzler Scholz nur wenige Tage später auf einer Sondersitzung des Deutschen Bundestags zur Stärkung der Bundeswehr Investitionen in Höhe von 100 Milliarden Euro – außerdem werde Deutschland »von nun an, Jahr für Jahr, mehr als zwei Prozent des Bruttoinlandsprodukts in seine Verteidigung investieren«. Finanziert durch ein »Sondervermögen« in dieser Höhe. Zweifellos eine originelle Etikettierung für eine derartige Schuldenaufnahme.

Da werden viele Genossinnen und Genossen aber gestaunt haben! War es doch bislang im linken Spektrum des Hohen Hauses eher üblich, hohe Rüstungsausgaben als »Militarisierung der Außenpolitik« zu geißeln. Aber in Zeiten, in denen selbst stolze Kriegsdienstverweigerer nach schweren Waffen für die Ukraine rufen, scheint nichts mehr unmöglich zu sein. Auch nicht, dass ein grüner Wirtschaftsminister nach Katar reist, um die heimische Energieversorgung ausgerechnet durch Gaslieferungen, also durch fossile Brennstoffe, von dort sicherzustellen. Kritikwürdig ist das keineswegs, aber wie hätten sich Habeck und Co. wohl in der Opposition verhalten, wenn ein Wirtschaftsminister der Union den gleichen Deal angestrebt hätte? Es ist halt ein Unterschied, ob ein sozialdemokratischer oder ein christdemokratischer Kanzler 100 Milliarden in die Bundeswehr investieren will. Im ersten Fall dient das der Stärkung der Landesverteidigung, im zweiten einer Frieden gefährdenden Hochrüstung. So jedenfalls die traditionelle Lesart auf der linken Seite des Plenums.

Die SPD-Fraktion wird auch deshalb mit wachsendem Erstaunen gelauscht haben, weil jedenfalls der überwiegende Teil der Fraktion offensichtlich nicht schon vorab informiert wurde – auch um den Abgeordneten überhaupt eine Chance zur Diskussion zu geben. Der Kanzler wird sich gedacht haben: »Bevor der Plan in meiner eigenen Fraktion kritisiert oder zerredet wird, stelle ich die Parteifreunde lieber vor vollendete Tatsachen.« Das mag kurzfristig geschickt gewesen sein, kann Olaf Scholz aber langfristig vor die Füße fallen. Denn das Haushaltsrecht ist das wichtigste Recht des Parlaments. Und da die Basta-Zeiten bei der SPD wohl endgültig vorbei sind, begann dort sofort eine muntere Diskussion, ob die 100 Milliarden Euro denn unbedingt nur für die Bundeswehr ausgegeben werden müssten – obwohl Kanzler Scholz genau das im Parlament zugesagt hatte. Natürlich für die Landesverteidigung, das hat der Kanzler ja versprochen, aber unbedingt für den Verteidigungsetat? Die Opposition wird darauf pochen, dass der Kanzler Wort hält, und er selbst wird alle Kraft aufwenden müssen, damit man ihm nicht Wortbruch zulasten der Bundeswehr vorhalten kann. Wäre sich Olaf Scholz seiner Sache in seiner eigenen Partei ganz sicher gewesen, was hätte ihn daran hindern sollen, seine Fraktion vorher hierüber zu informieren? Es macht doch Sinn, die Dinge zunächst vorher gründlich zu analysieren, abzuwägen und politisch zu diskutieren, bevor man im Basta-Stil die Abgeordneten mit seinen Plänen konfrontiert.

Geschieht das nicht, fragen sich die einfachen Parteimitglieder natürlich mit Recht, ob sie mit ihren eigenen Gedanken, Ideen und Plänen überhaupt Einfluss auf die Programmatik und praktische Politik ihrer Partei ausüben können. Und die Parlamentarier im Bund und in den Ländern, ob die routinemäßigen Fraktionssitzungen der Meinungsbildung oder Entscheidungsfindung dienen – oder lediglich der kritiklosen Entgegennahme von Entscheidungen der politischen Führung?

Natürlich würden die Medien bei kontroversen innerparteilichen Debatten *nicht* schreiben: »Die Partei *diskutiert* über xyz.« Sie würden die Schlagzeile bevorzugen: »Die Partei *streitet* über …« Aber wäre das wirklich so dramatisch? Viel problematischer wäre es, wenn der gerade für eine plurale, lebendige Demokratie so wichtige Austausch von Meinungen und Argumenten an den politisch entscheidenden Stellen überhaupt nicht mehr stattfinden würde. Nichts ist alternativlos – außer der Wahrheit. Alternativen gibt es immer. Mal bessere, mal weniger gute. In der Politik ist das Abwägen von Pro und Contra die Regel – nicht die Ausnahme. Unterschiedliche Meinungen und Argumente sollen abgewogen, unterschiedliche Interessen in einen gerechten Ausgleich gebracht werden. Was spricht eigentlich dagegen, die Bürgerinnen und Bürger an diesem Abwägungsprozess teilnehmen zu lassen? Warum soll es der Öffentlichkeit verborgen bleiben, mit welchen Argumenten man in einer Partei oder Fraktion um bestimmte Entscheidungen ringt?

Richtig ist, dass dabei die Stilfrage nicht von der Sachfrage komplett entkoppelt werden kann. Daher sollte es weniger darum gehen, *ob* innerparteiliche Debatten stattfinden, sondern *wie* sie geführt werden sollten. Wie? Offen und fair, am besten mit Respekt auch vor abweichenden Auffassungen.

Unterbleiben offene Diskussionen vor allem bei politisch hoch umstrittenen, besonders heiklen Themen – wie der Euro- beziehungsweise Staatsschuldenkrise 2010/11, der Flüchtlingspolitik 2015/16 oder der Debatte um eine generelle, gesetzliche Impfpflicht gegen das Covid-19-Virus – dann verfestigt sich bei einem großen Teil der Bevölkerung der Eindruck, dass Politik »über unsere Köpfe hinweg« gemacht wird. Ist meine Meinung in den etablierten Parteien überhaupt noch vertreten? Oder ist sie nicht mehr gewünscht, jedenfalls nicht relevant? Wenn solche Gedanken kursieren, ist es dann ein Wunder, wenn viele Stimmen dorthin abwandern, wo die etablierten Parteien sie gerade nicht haben wollen?

Schon vor vielen Jahren gab der Politikwissenschaftler Werner J. Patzelt bei der CSU-nahen Hanns-Seidel-Stiftung zu Protokoll, dass sich »zahlreiche Menschen von den etablierten Parteien nicht mehr ernst genommen fühlen. Man hat sie im Stich gelassen, deshalb fühlen sich viele nicht mehr (in den Parlamenten und von den Parteien) repräsentiert«. Viele wichtige Entscheidungen, wie insbesondere die Flüchtlingsfrage 2015, würden nicht debattiert und kommuniziert. Gerade durch die »Frontbegradigung der CDU nach links ohne Integrationsbemühungen des rechten Flügels« sei dort eine Lücke entstanden. So Professor Patzelt. Dieser wird übrigens gerne mit dem Attribut »umstritten« versehen, da er nicht mit dem Mainstream argumentiert. Kleine Notiz am Rande: Dieses Schicksal ereilt immer mehr Personen, die sich nicht so äußern, wie der Mainstream das erwartet. Dem Publikum soll auf diese Weise wohl vorab signalisiert werden: »Achtung! Meinung irrelevant, da diese Person sich nicht so äußert, wie wir das erwarten!«

Bei bundesweiten Umfragen lag die AfD 2015, beim Wechsel der Parteiführung von Bernd Lucke auf Frauke Petry, bei etwa 3 Prozent. Nur 3 Prozent! Daher kam die Flüchtlingskrise aus der Sicht der AfD genau zur richtigen Zeit. Endlich hatte die Anti-EU-, Anti-Euro-Partei wieder ein Thema!

Bei der Bundestagswahl 2013 noch knapp an der 5-Prozent-Hürde gescheitert, wurde sie beim nächsten Anlauf 2017 mit 12,6 Prozent sogar zur drittstärksten parlamentarischen Kraft. Das Entstehen der AfD hätte man vermutlich nicht verhindern können, aber deren Erstarken hätte man verhindern müssen!

Julian Nida-Rümelin, 2001 bis 2002 Kulturstaatsminister der rot-grünen Koalition unter Kanzler Gerhard Schröder (SPD), war bis 2010 Inhaber des Lehrstuhls für Philosophie und politische Theorie an der Ludwig-Maximilians-Universität München und ist zweifellos einer der klügsten Köpfe der Republik. Ein Philosoph von Rang, klug, mit einer stets fundierten, ausgewogenen Argumentation. Auch er konstatiert: »Eine Demokratie kann es sich nicht erlauben, größere Minderheiten in Fundamentalopposition, Resignation oder Wut abdriften zu lassen. Wenn solche Entwicklungen mit einem massiven Rationalitätsverlust einhergehen und in faschistisches, mythologisch oder religiös geprägtes Verschwörungsdenken münden, ist die Demokratie gefährdet.«

Der Mann hat recht. Deshalb: Mut zur Diskussion! Traut euch!

Mehrheit oder Überzeugung?

In Parlamenten herrscht die Mehrheit,
nicht die Wahrheit!

Hans-Jürgen Quadbeck-Seeger

Parteien kommen nicht selten in Situationen, in denen sie leider höchst betrübt feststellen müssen, dass ihre eigenen politischen Überzeugungen, Initiativen oder Entscheidungen von der Mehrheit des Publikums nicht geteilt oder durch einen Zuwachs an Stimmen nicht honoriert werden. Was tun? Der politischen Überzeugung folgen, auch auf die Gefahr eines politischen Liebesentzugs hin oder doch dem Mehrheitstrend folgen, um zumindest politisch-demoskopisch auf der sicheren Seite zu sein? Das allerdings birgt auch Risiken in sich, denn wer den Zeitgeist heiratet, kann bekanntlich sehr schnell Witwe oder Witwer werden.

Im Frühsommer 2022 hatte die Union die Gelegenheit zu demonstrieren, dass ihr die Treue zu ihrem Wertefundament wichtiger ist als der unbedingte Wille, zur Mehrheit zu gehören.

Erst wenige Wochen im Amt war es Bundesjustizminister Marco Buschmann (FDP) ein Herzensanliegen, das Werbeverbot für Schwangerschaftsabbrüche in § 219a StGB abzuschaffen. Bereits im Januar 2022 verkündete er, dass es ein »unhaltbarer Rechtszustand« sei, dass Ärztinnen und Ärzte mit strafrechtlicher Verfolgung rechnen müssten, »nur weil sie sachlich über ihre Arbeit oder die Methoden der Schwangerschaftsabbrüche aufklären«. Die jetzige Regelung passe »nicht in unsere Zeit«.

Wer dieses Zitat liest, muss zwangsläufig den Eindruck gewinnen, dass es in Deutschland für Schwangere in Not keine rechtlich erlaubte Möglichkeit gäbe, sich umfassend und kompetent über einen Abbruch der Schwangerschaft und dessen etwaige Folgen zu informieren.

Ist das tatsächlich richtig? Natürlich nicht. Auch hier erleichtert ein Blick in das Gesetz die Rechtsfindung.

§ 219a Absatz 4, der erst vor wenigen Monaten durch die Große Koalition, also auch mit Stimmen der SPD, in den § 219a StGB aufgenommen wurde, lautet:

»Absatz 1 (Grundsätzliches Werbeverbot für Schwangerschaftsabbrüche) gilt nicht, wenn Ärzte, Krankenhäuser oder Einrichtungen

1. auf die Tatsache hinweisen, dass sie Schwangerschaftsabbrüche unter den Voraussetzungen des § 218 a Absatz 1 bis 3 vornehmen, oder
2. auf Informationen einer insoweit zuständigen Bundes- oder Landesbehörde, einer Beratungsstelle nach dem Schwangerschaftskonfliktgesetz oder einer Ärztekammer über einen Schwangerschaftsabbruch hinweisen.«

Das ist so ziemlich das Gegenteil eines (angeblich) strafbewehrten Informationsverbots über mögliche Schwangerschaftsabbrüche. Allerdings: Die Tötung des ungeborenen Lebens soll (genauer gesagt: sollte) nach dem Willen des Gesetzgebers nicht als ein medizinischer Eingriff wie alle anderen dargestellt oder öffentlich beworben werden. Das allerdings hat mit einem angeblichen Informationsverbot nichts zu tun.

Anfang März 2022 hat das Bundeskabinett einem entsprechenden Gesetzentwurf des Bundesjustizministeriums zugestimmt, was insofern pikant ist, als dieselbe Bundesregierung zeitlich parallel mehrfach öffentlich bekundet hat, dass sie zum Thema gesetzliche Impfpflicht gegen das Covid-19-Virus nur deshalb keinen Regierungsentwurf vorlege, weil in bioethischen Fragen derartige Gesetzentwürfe immer aus der Mitte des Parlaments kämen. Demnach hält die Bundesregierung den Schutz des ungeborenen Lebens nicht für eine bioethische Frage. Zweifellos eine interessante, allerdings auch sehr fragwürdige Meinung.

Es dürfte wohl keinen Zweifel daran geben, dass diese Initiative bei Umfragen eine mehr oder weniger deutliche Mehrheit erzielen wird und auch die Medien dieses Vorhaben mit deutlicher Mehrheit positiv kommentieren werden – wie aber wird sich die Union positionieren? Überzeugung oder Mainstream?

Wer aus voller Überzeugung und mit ganzer Kraft für den Schutz des ungeborenen Lebens eintritt, gilt mehrheitlich ganz sicher nicht als fortschrittlich und modern. Eher im Gegenteil. Als modern gilt eher die Stärkung des Selbstbestimmungsrechts der Frau, das die Kritiker von § 219a StGB in der alten Fassung für akut bedroht halten. Hinzu kommt: Das ungeborene Leben kann nicht selbst zu seinem Schutz demonstrieren, kann nicht für sein Recht auf Leben plädieren, geschweige denn auf den Gesetzgeber Einfluss nehmen. Es kann keine Abgeordnetensprechstunden besuchen, keine Petition zu seinen Gunsten einreichen, keine Leserbriefe schreiben oder sich »im Netz« artikulieren. Das ungeborene Leben ist im Gegensatz zu der werdenden Mutter ganz eindeutig in der schwächeren Position. Gerade deshalb bedarf es des Schutzes!

Elisabeth Winkelmeier-Becker, CDU-MdB und im Zivilberuf Richterin, aktuell Vorsitzende des Rechtsausschusses im Deutschen Bundestag, brachte es auf den Punkt: »Es geht um das Selbstbestimmungsrecht der Mutter – aber eben auch um das Leben des ungeborenen Kindes.«

Jahrzehntelang gab es auch in Deutschland, so wie im Frühjahr 2022 in den USA, heftige gesellschaftliche und politische Auseinandersetzungen um das Abtreibungsrecht und § 218a StGB. Schutzgut dieser Vorschrift ist das (noch) ungeborene Leben. Nach der Rechtsprechung des Bundesverfassungsgerichts ist das ungeborene Leben dem Geborenen gleichrangig – und daher im Grundsatz gleichwertig – und steht daher unter dem Schutz von Artikel 1 Absatz 1 und Artikel 2 Absatz 2 Satz 1 des Grundgesetzes. So weit die Rechtsprechung. Ob Karlsruhe aktuell ebenso entscheiden oder seine Rechtsprechung lieber »modernisieren« würde, wissen wir nicht, vielleicht wird auch diese Frage bald beantwortet werden.

Im Kommentar zum Strafgesetzbuch mit Nebengesetzen von Thomas Fischer heißt es dazu in der aktuellen 69. Auflage: »In der Wirklichkeit (etwa 120.000 Abtreibungen im Jahr) kann von einer Gleichbewertung des ungeborenen mit dem geborenen Leben weder rechtlich noch praktisch die Rede sein.«

Dennoch ist es rund um diese Vorschrift in den vergangenen Jahren sehr ruhig gewesen. Vermutlich weil man sowohl gesellschaftlich als auch politisch froh war, die früheren, sehr heftigen Debatten nicht erneut führen zu müssen. Hatte man doch in den 1990er-Jahren einen Kompromiss gefunden, der zwar das ungeborene Leben nicht so schützte, wie sich das viele erhofft hatten, aber zumindest die heftigen Debatten nicht erneut aufkommen ließ.

1974 entschied sich die damalige sozialliberale Koalition unter Kanzler Willy Brandt für die sogenannte Fristenlösung. Diese wurde jedoch später vom Bundesverfassungsgericht für nichtig erklärt.

1995, zu Zeiten der christlich-liberalen Koalition unter Kanzler Helmut Kohl, entschied sich der Bundestag für eine neue Lösung, die zwar im Kern ebenfalls eine Fristenlösung beinhaltete, jedoch durch eine Beratungspflicht und das Schwangerschaftskonfliktgesetz ergänzt wurde. Dieses Gesetz wurde zwar von Karlsruhe nicht gekippt, aber das Gericht hat dem Staat zur Auflage gemacht, »zur Erfüllung seiner Schutzpflicht (für das ungeborene Leben) ausreichende Maßnahmen normativer und tatsächlicher Art zu ergreifen, die dazu führen, dass ein – unter Berücksichtigung entgegenstehender Rechtsgüter – angemessener und als solcher wirksamer Schutz erreicht wird (Untermaßverbot)«. Und zu diesem Schutzkonzept gehörte bislang auch der § 219a StGB. Seit einigen Monaten nicht mehr.

Das Festhalten der Union an dieser Vorschrift wird vermutlich für viele – wieder einmal – der Beweis dafür sein, dass CDU und CSU keine »modernen« Parteien seien, weil sie dem Selbstbestimmungsrecht der Frauen zu wenig Bedeutung und dem Schutz des ungeborenen Lebens zu viel Beachtung beimessen würden. Lebensschutz gilt eben vielen nicht als »modernes« Anliegen. Es sei denn, es geht um den Schutz unserer natürlichen Lebensgrundlagen, um Umwelt- und Naturschutz. Dann ja, aber ansonsten?

Mit der zu erwartenden Kritik an ihrer Position werden CDU und CSU gut leben können. Es gibt viel schlimmere Vorwürfe als den, sich zu stark für den Lebensschutz zu engagieren. Einige werden vielleicht den traurigen Versuch unternehmen, die Position der Union als frauenfeindlich, konservativ oder gar »rechts« zu diskreditieren. Na und? Das geht heute ohnehin blitzschnell, denn wer sich nicht dezidiert links positioniert, wird von interessierten Kreisen ruckzuck in die rechte Ecke gestellt.

Ja, der Lebensschutz ist ein klassisch-konservatives Anliegen und das unabhängig davon, ob es um das ungeborene Leben geht oder den hilfs- und schutzbedürftigen Menschen am Ende eines langen Lebens, das nicht selten gerade im hohen Alter ein Leben mit vielen Leiden ist. Die Würdegarantie des Grundgesetzes unterscheidet nicht nach Alter oder gesundheitlicher Verfassung, auch nicht nach Herkunft, Hautfarbe oder religiöser Überzeugung. Und sie gilt auch für das noch ungeborene Leben.

Die Union ist gut beraten, auch bei dieser Thematik zu ihren Überzeugungen zu stehen. Diese nicht aufzugeben in der Hoffnung, dadurch neue Wählerinnen und Wähler gewinnen zu können. Wer ein festes Wertefundament verlässt, gerät sehr schnell auf wackeligen Boden.

Deutschland-Fähnchen an einem Wahlabend – ungeheuerlich oder selbstverständlich?

—

Ich finde gut, dass ich nicht mehr
der Einzige bin mit einer Flagge am Auto!

Horst Köhler

22. September 2013. Bei der Wahl des 18. Deutschen Bundestags erringen CDU und CSU mit insgesamt 41,5 Prozent der Zweitstimmen ein hervorragendes Ergebnis. Die SPD erreicht mit ihrem Kanzlerkandidaten Peer Steinbrück deprimierende 25,7 Prozent. Mit exakt diesem Resultat werden die Genossinnen und Genossen acht Jahre später Olaf Scholz als Kanzler in spe überschwänglich feiern. Was sie damals noch nicht ahnen konnten.

Mit bewegter Stimme wird den Wählerinnen und Wählern der Union gedankt, allen Wahlkämpferinnen und Wahlkämpfern im Lande, die durch ihren unermüdlichen Einsatz den Weg zum Wahlsieg geebnet haben. Großes Lob für die Kanzlerin, den Generalsekretär und alle anderen, die mitgeholfen haben. Man klopft sich gegenseitig auf die Schulter, weint vor

Freude oder Rührung. Ein Sieg hat immer viele Mütter und Väter, die Pleite ist ein Waisenkind. Selbstverständlich stehen viele Christdemokraten für Interviews gerne zur Verfügung, bei Niederlagen schlagen sie sich nach einem beherzten Zugriff am Büfett klammheimlich in die Büsche, und die Presse ist froh, wenn wenigstens der stellvertretende Schriftführer der CDU Pankow für Auskünfte zur Verfügung steht.

So weit, so erwartbar. Generalsekretär der Bundes-CDU war damals Hermann Gröhe MdB, zwischenzeitlich auch Bundesgesundheitsminister, aktuell ist der Jurist stellvertretender Vorsitzender der CDU / CSU-Bundestagsfraktion. Wer Hermann Gröhe persönlich kennt, wird sicherlich sofort bestätigen, dass er politisch nicht korrekter oder gar nationalistischer Umtriebe absolut unverdächtig ist.

Auch als Feierbiest ist der überzeugte Protestant bislang noch nicht verhaltensauffällig in Erscheinung getreten. Hermann Gröhe stammt aus Neuss am Niederrhein. Für ihn war schon immer, wie für die gesamte Bevölkerung dieser schönen Stadt, das traditionelle, alljährliche Bürgerschützenfest seiner Heimatstadt der absolute Höhepunkt aller geselligen Veranstaltungen. Egal über welches Thema man mit Hermann Gröhe spricht, sei es über aktuelle Fragen der Entwicklungspolitik oder das Programm des Evangelischen Kirchentags, nach maximal zwei Minuten landet er beim Neusser Bürgerschützenfest. Irgendeinen Bezug zu diesem Fest findet er immer.

Gröhe neigt auch nicht zu irgendwelchen politik-untypischen Ausschweifungen – er dürfte auch heute noch »Wacken« für eine norddeutsche Gebäckspezialität und »Berghain« für eine Almhütte im Hochgebirge halten.

Augenzeugen berichteten, dass am Wahlabend 2013 in der CDU-Parteizentrale nicht nur Mineralwasser getrunken wurde, wer will es den Gästen verdenken? Jedenfalls war die Stimmung prächtig. Im Hochgefühl des Moments kam es dann zu einem Ereignis, das zwar an Harmlosigkeit kaum zu überbieten ist, aber in Zeiten wie diesen nicht gut enden konnte: Auf der Bühne des Konrad-Adenauer-Hauses, dort, wo sich die Parteiprominenz versammelt hatte, wurden plötzlich Deutschlandfähnchen geschwungen. »Winkelemente« in Schwarz-Rot-Gold als Ausdruck überbordender Glücksgefühle. Und mittendrin der Generalsekretär, auch er mit einem Fähnchen gewappnet. Mitten in Deutschland, mitten in der Hauptstadt!

Konnte das gut gehen? Im Grunde ja, aber in Deutschland ist das mit unseren nationalen Symbolen so eine Sache. Da werden patriotische Gefühle schnell als dumpfer Nationalismus gebrandmarkt. Schneller, als man so ein Fähnchen schwenken kann. Und deshalb ging es auch nicht gut.

Es war die Kanzlerin höchstselbst, die jene Fähnchen noch auf der Bühne einkassierte – und über das Warum wird bis heute spekuliert. Die einen vermuteten unverdrossen, dass Angela Merkel noch nicht einmal den leisesten Anschein dulden wollte, dass mittels zu viel Schwarz-Rot-Gold das Land durch die Union vereinnahmt werde (auf *diese* Idee muss man erst einmal kommen …). Andere, eher schlichte Gemüter, vertraten die verwegene These, dass Hermann Gröhe in den Augen der Kanzlerin als Chefanimateur keine besonders gute Figur abgegeben habe – die ganze Inszenierung habe doch etwas bemüht und sogar gekünstelt gewirkt.

So oder so, die kurze Filmsequenz von der Einsammelaktion der Kanzlerin war und bleibt – rustikal formuliert – ein gefundenes Fressen für all jene, die der Meinung waren, Angela Merkel fehle zu ihrem Heimatland eine tiefe, emotionale Bindung. Es mangele ihr an Vaterlandsliebe und Heimatstolz.

Dieses Video war im Netz ein Renner, Bilder sagen eben mehr als tausend Worte. Die Wirkung dieser Bilder auf das Publikum hat die CDU lange unterschätzt.

Ehrlich gesagt kann ich mir nicht vorstellen, dass in den USA an einem Wahlabend auf einer Party der Demokraten oder der Republikaner die Landesflagge einkassiert würde, »Stars & Stripes« gehören einfach dazu. So wie bei ähnlichen Anlässen in Frankreich die Trikolore und im Vereinigten Königreich der Union Jack. Für mich ist – und bleibt – das Schwenken der Landesflagge Ausdruck der Hinwendung zu und der Identifikation mit »meinem« Land.

Dem Land, dem ich viel mehr zu danken habe als das Land mir!

Die CDU hätte bei kritischen Nachfragen doch aus Überzeugung sagen können: »Wir haben diese Fähnchen geschwenkt aus Dankbarkeit gegenüber unseren Wählerinnen und Wählern und weil wir der Überzeugung sind, dass mit uns auch Deutschland gewonnen hat. Und weil wir unser Land lieben.« Wo, bitte schön, wäre hier das Problem?

Aber auch jenseits des Fähnchendramas hatte es dieser Wahlabend in sich. Volker Kauder, damals Vorsitzender der CDU / CSU-Bundestagsfraktion, hat sicherlich viele Talente, seiner Meinung nach gehört dazu auch das Singen populären Liedguts. An jenem sagenumwobenen Wahlabend versuchte er sich live an dem damaligen Stimmungshit Nr. 1 der Düsseldorfer Punk-Rock-Band Die Toten Hosen – »An Tagen wie diesen!« Genauer gesagt handelte es sich um eine etwas eigenwillige Interpretation des Hits, die ihm im Großen und Ganzen gut gelungen sein muss, denn immerhin erkannte die Band ihren Song, allerdings waren Die Toten Hosen wegen dieser Darbietung fürchterlich empört. Leider, so gaben sie öffentlich zu

Protokoll, könnten sie rechtlich hiergegen nichts unternehmen, aber sie ließen sich für Parteizwecke nicht vereinnahmen und so weiter. Bevor das Ganze zur Staatskrise eskalierte, entschuldigte sich die Kanzlerin persönlich für diesen Fauxpas beim Hosen-Frontmann Campino. Es sei ohnehin eine schreckliche Coverversion des Lieds gewesen – was Volker Kauder vermutlich vehement bestreiten dürfte.

Ja, das sind angeblich echte Sorgen und Probleme, jedenfalls politisch und gesellschaftlich relevante Themen. Angeblich. Ein Land, das tagelang ernsthaft derartige »Probleme« (die Anführungszeichen sind bewusst gesetzt) diskutiert und die Medien intensiv beschäftigt, muss eigentlich ein sehr glückliches Land sein. Und doch stehen sehr viele von uns dem Land eher skeptisch gegenüber. Welches Verhältnis haben wir zu unserem Land, zu unserer Heimat? Völlig unabhängig davon, ob unsere Familien seit Generationen oder erst seit kurzer Zeit hier leben. Ob mit oder ohne Zuwanderungsgeschichte. Warum betrachten wir unser Land so häufig mit Skepsis und eher selten mit Sympathie und Wohlwollen? Und warum fällt es der Politik so schwer, den Unterschied zwischen Patriotismus und Nationalismus deutlich zu machen und klar herauszuarbeiten, dass der Nationalismus nicht eine Steigerung des Patriotismus ist – sondern sein Gegenteil?

»Ich liebe mein Land«

Ach was, ich liebe keine Staaten,
ich liebe meine Frau; fertig!

Gustav Heinemann

Das bekannte Zitat von Gustav Heinemann wird bevorzugt von jenen benutzt, denen es irgendwie suspekt vorkommt, wenn es jemand wagt, die Wörter »Liebe« und »Land« miteinander zu kombinieren, und in der Tat ist hier Vorsicht geboten, jedenfalls bei uns in Deutschland. Während in anderen Staaten die Vaterlandsliebe als etwas völlig Normales, jedenfalls nicht als außergewöhnlich oder gar mit Empörung wahrgenommen wird, gerät man in der Bundesrepublik oft unter Nationalismus-Verdacht. Auch wenn man meilenweit von solchen Positionen entfernt ist, gilt man sehr schnell als »rechts«, von vorgestern und vermutlich auch irgendwie antieuropäisch gesinnt, jedenfalls nicht als weltoffen und tolerant.

Das ist schon deshalb interessant, weil wir ansonsten bei der Benutzung des Wortes »Liebe« sehr großzügig vorgehen und es sprachlich noch nie nur auf die Beschreibung zwischenmenschlicher Beziehungen eingeengt haben. Wenn Gustav Heinemann gefragt worden wäre: »Lieben Sie Fußball?«, hätte er nie und nimmer geantwortet: »Ach was, ich liebe nicht den Fußball, ich liebe meine Frau; fertig!« Wir dürfen problemlos jede Sportart lieben, gutes Essen, die Lieblingsband, jede Form von Kunst und Kultur, sogar den Karneval – und natürlich auch die Heimat. Selbstverständlich dürfen wir unsere Liebe auch mehrfach zum Ausdruck bringen, zum Beispiel gegenüber unseren Liebsten, dem Fußball und Coldplay gleichzeitig. Natürlich muss man sich *nicht* entscheiden, ob man seine Frau liebt *oder* ein bestimmtes Buch – obwohl diese Liebe gewiss höchst unterschiedlich zum Ausdruck gebracht wird.

Das ist okay. Aber sowohl die Ehefrau als auch unser Land? Genau an *dieser* Stelle wird es problematisch. Gustav Heinemann erweckt den Eindruck, als hätte er sich entscheiden müssen. Als sei es objektiv unmöglich, seine Frau *und* sein Land zu lieben. Das Land natürlich völlig anders als die Ehefrau, die Kinder und alle anderen Familienmitglieder. Aber das gilt auch für gutes Essen, tolle Musik und den Sport. Alles darf man »lieben«. Damit haben wir – im Gegensatz zum Vaterland – überhaupt keine Probleme.

Vor einigen Jahren hat das Meinungsforschungsinstitut YouGov einen internationalen Vergleich zum Thema Patriotismus vorgestellt, die Unterschiede zwischen den einzelnen Staaten sind gewaltig: Während sich in Thailand 82 Prozent der Befragten als »patriotisch oder eher patriotisch« bezeichneten, in den USA 77 Prozent und im Vereinigten Königreich immerhin noch 67 Prozent, waren es in Deutschland nur 46 Prozent. *Zeit online* verkündete 2021: »Vaterlandsliebe war bei uns Deutschen lange verpönt – aus gutem Grund. Doch die Republik hat sich verändert. Es ist höchste Zeit für einen liberalen Patriotismus.« Wenn das sogar *Zeit online* schreibt, dann wird es ganz gewiss höchste Zeit.

24. Februar 2022. In den frühen Morgenstunden erklärt der russische Präsident Putin der Ukraine den Krieg, verharmlosend »Spezialoperation« genannt. Die russischen Streitkräfte überfallen das flächenmäßig zweitgrößte Land Europas aus mehreren Richtungen, aus der Luft und auf dem Landweg. Knapp 77 Jahre nach dem Ende des Zweiten Weltkriegs bricht in Europa erneut ein Krieg aus. Lange – viel zu lange – hat der Westen geglaubt, dass sich der Machthunger und der Expansionsdrang Putins mit politisch-diplomatischen Bemühungen und guten wirtschaftlichen Beziehungen zähmen ließen. Man müsse nur mehr Verständnis für die Sichtweisen Russlands aufbringen, mehr auf dessen Interessen Rücksicht nehmen, Sicherheit gäbe es nur *mit* Russland. Heute geht es hingegen eher um Sicherheit *vor* Russland. Schweden und Finnland sollen nunmehr auch Mitglieder der NATO werden. Damit hätte Putin durch seinen Angriff auf die Ukraine exakt das Gegenteil von dem erreicht, was ihm angeblich so wichtig ist: eine große räumliche Distanz zu den NATO-Staaten.

Die Ermordung von Oppositionellen im Ausland, die Unterdrückung der Opposition im Land selbst, politisch motivierte Schauprozesse gegen Regimekritiker, Beschränkungen der Meinungs- und Pressefreiheit – alles nicht schön, aber irgendwie kein Grund für größere Aufregung, geschweige denn für deutliche politische Reaktionen oder gar wirtschaftliche Sanktionen. In Deutschland und Europa gibt es harte Kritik an dem Projekt Nord Stream 2, aber auch eine breite politische Unterstützung, und wenn erst mal eine Investition als »europäisches Projekt« geadelt wird – wer traut sich dann noch laut »Halt!« zu rufen? In Mecklenburg-Vorpommern wurde mithilfe russischen Geldes eine dubiose Stiftung gegründet, die angeblich in erster Linie dem Umweltschutz dient, in Wahrheit aber der Durchsetzung russischer Interessen. Heute wird es sehr schwer sein, noch jemanden zu finden, der sich offen zu dieser schrägen Idee bekennt, und die Ministerpräsidentin Manuela Schwesig selber hat sich von ihrem eigenen Projekt in atemberaubender Geschwindigkeit distanziert.

Verständnis für die Sichtweisen Russlands wurde selbst dann noch geäußert, als Putin die Krim 2014 völkerrechtswidrig annektiert hatte. Uns wurde erklärt, irgendwie sei das okay, schließlich habe die Krim vor langer Zeit einmal zu Russland gehört. Warum also aufregen? Es sei doch nur die Wiederherstellung eines früheren Zustands. Und die militärische Unterstützung russischer Separatisten im Südosten der Ukraine, im Donbass? Kein Bruch des Völkerrechts? Ein »notwendiger militärischer Einsatz zum Schutz von Russinnen und Russen in dieser Region«, lautet die Standardreplik des Kremls auf kritische Nachfragen des Westens.

Kein Narrativ von Putin war zu abwegig, zu absurd, um nicht auch in Deutschland von einigen politischen Schlafwandlern aufgegriffen und zur Verteidigung Moskaus unter das Volk gebracht zu werden. Ansonsten einander eher feindlich gesinnt, marschieren weite Teile der Partei Die Linke und der AfD rhetorisch Arm in Arm zur Verteidigung Putins in die politische Manege. Ganz überraschend war das nicht, denn für beide Parteien war eigentlich schon immer nicht Russland, sondern die USA das größere politische Problem. Die Quittung für diese abenteuerliche Positionierung haben beide Parteien bei den nachfolgenden Landtagswahlen bitter zu spüren bekommen.

Hat es an ernsthaften politischen Bemühungen des Westens gefehlt, um diesen Krieg zu verhindern? Nein!

Nicht erst seit Anfang 2022 gaben sich führende westliche Politikerinnen und Politiker in Moskau förmlich die Klinke in die Hand, um die schon damals befürchtete militärische Eskalation zu verhindern. Nichts blieb unversucht, um mit Politik und Diplomatie Putin von einem Einmarsch in die Ukraine abzuhalten. Während die USA im Stundentakt auf die Gefahr einer Invasion hinwiesen und der ukrainische Präsident Wolodymyr Selenskyj den Westen händeringend um – nicht nur rhetorische – Unterstützung bat, wurden im Kreml die letzten Vorbereitungen zum Angriff getroffen.

Kurz zuvor hatten die Grünen noch auf das Prinzip der »feministischen Außenpolitik« gesetzt. Jede Art von politischen Aktivitäten müsse daran ausgerichtet sein, die Geschlechtergerechtigkeit zu fördern. Wahrscheinlich wäre es doch besser gewesen, in erster Linie auf das Prinzip »realistische Außenpolitik« zu setzen. Eine Außenpolitik, die sich an den harten Realitäten orientiert. An Fakten und nicht an dem, was wir uns wünschen und von anderen erwarten und erhoffen.

Am Tag des russischen Angriffs auf die Ukraine beklagte sich die Außenministerin in der ZDF-Sendung »Was nun, Frau Baerbock?« bitterlich darüber, dass Olaf Scholz von Putin und sie selbst von ihrem russischen Amtskollegen Sergei W. Lawrow belogen worden seien. Gegen hammerhartes Lügen dürfte auch eine feministische Außenpolitik nicht viel helfen. Russland dürfte ganz sicher kein Interesse daran haben, mithilfe seiner Streitkräfte irgendwo auf der Welt die Geschlechtergerechtigkeit zu fördern, sie ist für Putin nur das Instrument zur zwangsweisen Durchsetzung seiner Großmachtfantasien.

Und: Woher nahmen die Außenministerin und der Bundeskanzler bei ihren Besuchen in Moskau eigentlich die Zuversicht, *nicht* belogen zu werden? Haben sie ernsthaft geglaubt, dass ein lupenreiner Despot, der schon bewiesen hat, dass er nicht nur fähig, sondern auch willens ist, mit militärischen Mitteln in Gebiete souveräner Staaten einzudringen, um sie seiner Kontrolle zu unterwerfen, ihnen gegenüber über seine Absichten wahrheitsgemäß berichten würde?

Seitdem hat sich innenpolitisch in Deutschland viel verändert. Stolze Kriegsdienstverweigerer rufen nach schweren Waffen für die Ukraine, und die Bundeswehr soll mithilfe eines Sonder*vermögens* von 100 Milliarden Euro, in Wahrheit mittels einer Schuldenaufnahme in dieser Höhe, deutlich gestärkt werden. Wohlgemerkt: Für beides gibt es viele gute Argumente, aber wenn CDU und CSU nur sechs Monate früher das Gleiche gesagt und gefordert hätten, wären sie von Rot-Grün niedergebrüllt worden. Unter Angela Merkel galt die Stärkung der Bundeswehr für viele aus dem rot-grünen Spektrum als Beleg für die Militarisierung der Außenpolitik, unter Olaf Scholz ist das jetzt die notwendige Konsequenz zur Sicherung von Frieden und Freiheit.

Es ist noch nicht lange her, dass diejenigen, die für die Sicherung von Frieden und Freiheit auch bei uns höhere Verteidigungsanstrengungen forderten, als Kriegstreiber beschimpft wurden. Selbst dann, wenn es erkennbar nicht um die *Auf*rüstung der Bundeswehr ging, sondern nur um eine bessere *Aus*rüstung. Zeitgleich bemühte sich die EU-Kommission nach Kräften, mittels EU-Taxonomie-Verordnung den europäischen Rüstungsbetrieben den Zugang zu den Kapitalmärkten zu erschweren. Prima, fand das die – damalige – stellvertretende Fraktionsvorsitzende der Grünen, Lisa Paus: »Dass die Rüstungsindustrie nach den erweiterten Kriterien der EU-Kommission einen sozialen Nachhaltigkeitsstempel bekommt, ist für mich nicht vorstellbar!« Anders formuliert: Deutliche

Verbesserung der Verteidigungsfähigkeit – ja. Mehr Geld für Rüstungsbetriebe – ja. Leichtere Finanzierungsbedingungen für die Branche – nein. Muss man das verstehen?

Wenn die Verteidigung unserer Demokratie mit im wahrsten Sinne des Wortes notwendigen Verteidigungsbemühungen als »Militarisierung der Außenpolitik« diskreditiert wird, wenn wir der Bundeswehr zwar vielfältige Aufgaben im In- und Ausland übertragen, aber unsere Soldatinnen und Soldaten nicht so ausstatten, dass sie diese Aufgaben in optimaler Weise, einschließlich Eigenschutz, erfüllen können, und wenn wir der NATO gegenüber zwar konkrete Verpflichtungen eingehen, diese aber nur suboptimal erfüllen können – dann geht viel Vertrauen in die Politik verloren. Nicht nur bei den Soldatinnen und Soldaten, die im Ernstfall mit ihrem Leben dafür einstehen müssen, dass unser Land nicht militärisch angegriffen oder gar von fremden Mächten erobert wird. Dann verlieren wir das Vertrauen ausgerechnet bei jenen, die ihr Leben riskieren, um uns zu schützen.

Entscheidend ist nicht, welche Worte wir sonntags für unsere Soldatinnen und Soldaten finden. Entscheidend ist allein, was wir werktags für sie tun!

Szenenwechsel.

24. Februar 2024, 20:58 Uhr, Hörfunk WDR 2. Mein öffentlich-rechtlicher Heimatsender überträgt aus aktuellem Anlass O-Töne von in NRW lebenden ukrainischen und russischen Mitbürgerinnen und Mitbürgern. Überwiegend junge Menschen, vereint im Schmerz über die Entwicklung des russisch-ukrainischen Konflikts, völlig unabhängig von ihrer Herkunft.

Ein junger Mann gibt dabei wörtlich zu Protokoll: »Ich bin Russe. Ich liebe mein Land. Aber heute schäme ich mich dafür, ein Russe zu sein!« – »Ich liebe mein Land!« – obwohl es ihm hörbar schwergefallen ist, in diesem Moment seinen patriotischen Gefühlen Ausdruck zu verleihen.

Sollte Robert Habeck, unser grüner Wirtschafts- und Energieminister, diesen Satz zufällig gehört haben, dürfte er zusammengezuckt sein. Denn: »Vaterlandsliebe fand ich stets zum Kotzen. Ich wusste mit Deutschland noch nie etwas anzufangen und weiß es bis heute nicht!«, heißt es wörtlich in seinem Buch *Patriotismus – Ein linkes Plädoyer.*

Nun ist nicht ganz klar, ob Robert Habeck jedweden Patriotismus zum Kotzen findet oder nur Patriotismus in Deutschland. Ich vermute mal Letzteres. Aber es ist auch möglich, dass ihm bislang noch niemand den Unterschied zwischen »Patriotismus« und »Nationalismus« erklärt hat. Sollte das stimmen, wäre es aber allerhöchste Zeit dafür.

So wenig Lust am Wählen war selten

> Diskussion will gelernt sein. Zur Diskussion gehört, zuhören zu wollen und zuhören zu können. Zur Diskussion gehört auch, sich in die Auffassung des anderen hineinversetzen zu wollen, damit man schließlich zum Kern der Sache kommen kann.
>
> *Herbert Wehner*

15. Mai 2022, Nordrhein-Westfalen wählt einen neuen Landtag. Während die Demoskopen über Wochen ein Kopf-an-Kopf-Rennen zwischen der CDU und der SPD prophezeit hatten, waren die Wählerinnen und Wähler wieder einmal ganz anderer Meinung. Am Ende lag die Union mit 35,7 Prozent deutlich vor der SPD, die nur 26,7 Prozent der Stimmen erreichen konnte, und den Grünen gelang es tatsächlich, mit 18,2 Prozent ihr Ergebnis von der letzten NRW-Wahl 2017 fast zu verdreifachen.

Allerdings: Die Wahlbeteiligung sank auf traurige 55,5 Prozent! So wenig Lust am Wählen war selten. Vor dem Hintergrund dieser Zahl relativieren sich die Ergebnisse stark – denn die CDU konnte demnach nicht 35,7 Prozent aller Wahl*berechtigten* für sich begeistern, sondern nur knapp 19 Prozent.

Diese niedrige Wahlbeteiligung ging vor allem zulasten der SPD, die gut 300.000 ehemalige Wähler an die große Gruppe der Nichtwähler abgeben musste, die Liberalen verloren auf diese Weise 120.000 Wähler, die AfD sogar 160.000, und selbst der Wahlsieger CDU verzeichnete einen Abgang zu den Nichtwählern in dieser Größenordnung. Nur den Grünen war es gelungen, ihr Wählerpotenzial weitestgehend auszuschöpfen.

Die Ursachenforschung ließ nicht lange auf sich warten: Es sei ein Fehler gewesen, den Wahltermin auf das letzte Wochenende der Fußball-Bundesliga zu legen. Das war zwar ein nicht völlig abwegiges Argument, es konnte aber die sensationell hohe Zahl der Nichtwähler nicht überzeugend erklären. Lauter Fußballfans, die von 8 Uhr morgens bis 18 Uhr abends so vom Kampf um Auf- und Abstiege gefesselt waren, dass sie das Wählen glatt vergessen haben?

Eher wahrscheinlich sind die Thesen, dass landespolitische Themen vom Großkonflikt des Ukraine-Kriegs überlagert wurden, dass es in diesem Wahlkampf an großen innerdeutschen politischen Konflikten und dem Kampf um prägnante landespolitische Alternativen gefehlt hat und dass es vor allem der SPD nicht gelungen sei, deutlich zu machen, warum unbedingt sie die NRW-Landesregierung wieder anführen wollte.

Vielleicht ist diese beeindruckend niedrige Wahlbeteiligung aber auch nur ein weiteres Indiz für die latent wachsende Unzufriedenheit weiter Teile der Bevölkerung mit »der Politik«, »den Parteien« und der Art und Weise, wie in Deutschland politische Debatten geführt werden. Trifft man Menschen, die politisch stark interessiert und oft auch sehr gut informiert sind, und fragt sie, warum sie sich nicht parteipolitisch engagieren, lautet die Antwort sehr häufig: »Das tue ich mir nicht an!« Mit *das* sind gewiss verschiedene Umstände gemeint, die für die politische Arbeit typisch sein dürften – aber mit großer Sicherheit gehört dazu auch der Umgang der Parteien mit- und untereinander. Die mangelnde Bereitschaft, sich einzugestehen, dass nicht immer nur die eigene Meinung die einzig vertretbare, einzig vernünftige ist, dass möglicherweise auch die Argumente der politischen Konkurrenz ihre Berechtigung haben können, und das fehlende Talent, geduldig zuzuhören. Auch denen, die ganz anderer Ansicht sind – warum auch immer.

Was uns bei politischen Debatten viel zu häufig fehlt, ist eine konstruktive, von wechselseitigem Respekt getragene Streitkultur. Vielleicht sollten wir alle einmal verinnerlichen: Wer eine andere Meinung hat, ist nicht mein Feind. Er hat nur eine andere Meinung!

Aber damit hier kein Missverständnis aufkommt: Hass und Hetze, Beleidigungen und Bedrohungen, üble Nachrede und Verleumdung sind keine »Meinungen«, denen man mit Achtung und Respekt begegnen muss – sie sollten nicht beachtet, sondern verachtet werden.

Und vielleicht sollten wir gerade bei besonders heiklen, sensiblen Themen darauf achten, dass im politischen und gesellschaftlichen Meinungskampf Maß und Mitte gewahrt bleiben. Dass wir mit guten, soliden Argumenten arbeiten, nicht mit haltlosen Unterstellungen, substanzlosen Vermutungen und Verdächtigungen.

Das allerdings ist kein neues Phänomen. Das kennen wir, solange es politische Debatten gibt. Nicht erst seit Beginn der 2000er-Jahre.

Das Leid mit der Leitkultur

—

Was soll das Gerede um die Leitkultur?
Ist es etwa deutsche Leitkultur, Fremde zu jagen,
Synagogen anzuzünden, Obdachlose zu töten?

Paul Spiegel

Hatte irgendjemand die Meinung vertreten, dass sich unter den Begriff »Leitkultur« das Jagen von Fremden, das Anzünden von Synagogen, die Tötung von Obdachlosen subsumieren ließe? Natürlich nicht, aber darauf kam es vor gut 20 Jahren bei der monatelangen, erregten Debatte zum Thema »Leitkultur« auch gar nicht an. Prägend (auch) für diese Debatte war nicht etwa ein Austausch nüchterner Sachargumente, sondern die Konstruktion abenteuerlicher Unterstellungen mit dem Ziel, diesen Begriff nachhaltig negativ zu konnotieren und die Debatte darüber so schnell wie möglich – und natürlich ein für alle Mal – zu beenden.

Nein, nicht von Friedrich Merz, seit Februar 2022 erneut Vorsitzender der CDU / CSU-Bundestagsfraktion, stammt der Begriff »Leitkultur«, sondern von Bassam Tibi. Geboren 1944 in Damaskus (Syrien), war der Politikwissenschaftler unter anderem Professor für Internationale Beziehungen an der Georg-August-Universität Göttingen. Durch zahlreiche Publikationen und Auftritte in diversen Medien wurde er einem breiten Publikum als Experte für die arabische Welt und den Islamismus, den politischen Islam, bekannt. Bereits in den Neunzigerjahren entwarf er die Vision eines »Euro-Islam« und distanzierte sich in gesellschaftlichen und politischen Debatten vom Konzept einer »Leitkultur«. Größere öffentliche Aufmerksamkeit oder gar Empörung wurden dem von ihm eingeführten Begriff »Leitkultur« zunächst allerdings nicht gewidmet. Warum auch? Schließlich war der Erfinder ein honoriger Hochschullehrer mit Migrationshintergrund, also irgendwelcher national motivierter Umtriebe ganz und gar unverdächtig.

Das allerdings änderte sich schlagartig, als Friedrich Merz, schon damals Vorsitzender der Unionsfraktion im Deutschen Bundestag, Anfang des Jahrtausends diese Formulierung aufgriff und als ein Orientierungskriterium in die damalige Debatte über Migration und Integration einführte. Da war aber was los!

Ohne wissenschaftliche Konnotation und ohne eigenen Migrationshintergrund! Konnte das gut gehen? Eigentlich ja. Allerdings nur dann, wenn es um die inhaltliche Konkretisierung, die Erläuterung des Begriffs, nicht um abwegige Vermutungen und haltlose Verdächtigungen gegangen wäre. Nicht nur die politische Konkurrenz, sondern auch zahlreiche Medien vermuteten rasch, dass Friedrich Merz nicht die Bedeutung von Integration für Zugewanderte, Staat und Gesellschaft betonen, sondern in Wahrheit nur das fürchterliche »Deutschland, Deutschland über alles!« in neuer Tonlage erklingen lasse wolle. Schon das Wort »Leitkultur« sei keine Einladung zu einer funktionierenden Integration in die Aufnahmegesellschaft, stattdessenn würden viele Migrantinnen und Migranten vom gesellschaftlichen Diskurs unseres Landes ausgeschlossen.

Wochenlang tobte die Diskussion in den Medien. In Berichten und Kommentaren, Essays und Leserbriefen wurden das Pro und Contra mit einer Leidenschaft und Verbissenheit dargelegt, als ginge es um Krieg oder Frieden. Ich kann mich noch sehr gut an die unzähligen Zuschriften zu diesem Thema erinnern, die mein Büro damals erreichten. Kein Wunder, denn zu jener Zeit war ich als stellvertretender Vorsitzender der CDU/CSU-Bundestagsfraktion auch für das Thema Migration und Integration zuständig. Die einen wunderten sich, warum der Begriff »Leitkultur« überhaupt negativ diskutiert und kommentiert wurde, die anderen waren über das Wort großvolumig empört. Schon wieder sei der Nationalismus auf dem Vormarsch und Friedrich Merz habe bewiesen, dass er »rechts« sei.

Geht es nicht eine Nummer kleiner? Nein, geht nicht!

Irgendwann kam eine neue Debatte, ein neues Thema, ein neuer Grund für Aufregung auf. Seitdem ist es um die Leitkultur ruhig geworden. Wer kein Opfer linken Furors werden will, ist auch heute noch gut beraten, die »Leitkultur« allenfalls im stillen Kämmerlein zu erwähnen. Warum, ist mir allerdings nicht ganz klar.

»Leitkultur« heißt doch gerade *nicht* »Deutschland, Deutschland über alles« oder gar »Am deutschen Wesen soll die Welt genesen«. Der Begriff soll doch lediglich zum Ausdruck bringen: Wenn in einem relativ kleinen Land wie Deutschland, mit allerdings mehr als 82 Millionen Einwohnern, alle Menschen – unabhängig von Herkunft, Hautfarbe oder religiöser Prägung – friedlich und konfliktfrei miteinander leben wollen, dann müssen alle die gleiche Rechts- und Werteordnung akzeptieren, und zwar die unseres Landes. Das wiederum bedeutet doch gerade *nicht*, dass unterschiedliche kulturelle oder religiöse Prägungen negiert oder gar abgewertet würden. Das bedeutet doch nur, dass wir uns alle dem gleichen Wertefundament verpflichten müssen. Der Gegenbegriff »Verfassungskultur« klingt nur auf den ersten Blick überzeugender, denn er ist nicht präzise genug. Zu unserem gemeinsamen Fundus an Werten und Überzeugungen gehört auch einiges, was wir in unserer Verfassung nicht oder nur in Andeutungen finden: etwa die vorbehaltlose Akzeptanz des staatlichen Gewaltmonopols oder ein konsequenter Kampf gegen jede Form von Antisemitismus.

Warum befindet sich in unserem Grundgesetz kein Hinweis auf die Landessprache? Wäre auch er schon für diejenigen, deren Muttersprache nicht Deutsch ist, diskriminierend? Artikel 22 Absatz 2 GG hält fest, dass die Farben der Bundesflagge Schwarz-Rot-Gold sind. Ein Hinweis auf die Landessprache fehlt.

Anders in Österreich. Nach Artikel 8 des dortigen Bundesverfassungsgesetzes ist »Deutsch die Staatssprache der Republik« – ungeachtet der den sprachlichen Minderheiten bundesgesetzlich eingeräumten Rechte.

Anders auch in der Schweiz. In Artikel 4 der Verfassung heißt es diesbezüglich lapidar: »Die Landessprachen sind Deutsch, Französisch, Italienisch und Rätoromanisch.«

Nur in der deutschen Verfassung gibt es keinen entsprechenden Hinweis.

Wollen Sie, liebe Leserinnen und Leser, mal so richtig Ärger haben und einmal selber erleben, wie es ist, in kürzester Zeit als »Rechter« abgestempelt zu werden oder gar unter Nazi-verdacht zu geraten? Dann schlagen Sie doch einmal eine Ergänzung von Artikel 22 GG nach dem Vorbild Österreichs vor. Übertrieben? Leider nein!

Ist es diese Art – oder Unart – unserer Debattenkultur, die viele Menschen dazu verleitet zu meinen: »Ich sage besser nicht, was ich denke, sonst gibt es Ärger«? Warum fällt es uns häufig so unfassbar schwer, ohne Unterstellungen zu arbeiten? Ohne Vorurteile und Verdächtigungen? Mittlerweile wissen wir aus zahlreichen Umfragen, dass ein beachtenswerter Teil der Bevölkerung zunehmend das Gefühl hat, sich nicht mehr frei und unbefangen äußern zu können – insbesondere bei den Themen Migration und Integration. Natürlich sind Aussagen wie »Man *darf* ja nicht mehr offen sagen, was man darüber denkt!« sachlich falsch, denn das Recht auf freie Meinungsäußerung ist ja nach wie vor verfassungsrechtlich garantiert, und auch seine Grenzen wurden durch den Gesetzgeber nicht in verfassungsrechtlich fragwürdiger Weise eingeengt – auch wenn heute konsequenter als früher gegen Hetze im Netz vorgegangen wird. Verfassungsrechtlich zu beanstanden ist das nicht.

Fraglich bleibt allerdings: Wer beziehungsweise welche Institution legt eigentlich nach welchen Maßstäben und Kriterien fest, was noch akzeptabel ist – und was nicht? Wo genau verläuft die schmale Grenze zwischen deftiger Polemik (okay) und Hetze (nicht okay)? Kann und soll das, was rechtlich nicht zu beanstanden ist, dennoch vom öffentlichen Diskurs ausgeschlossen werden? Und wie kann sichergestellt werden, dass überall und immer nach absolut gleichen Maßstäben entschieden wird?

Diese Fragen sind nicht trivial und ihre Beantwortung nicht leicht. Dennoch darf die Politik um deren Beantwortung keinen Bogen machen. Die Rede ist hier *nicht* von Fake News, ganz gleich ob fahrlässig oder vorsätzlich verbreitet. Nicht von Häme, Hetze, menschenunwürdigen Diskriminierungen. Wir sprechen von kritischen Beiträgen, die möglicherweise zu hart und unsachlich sind, aber vom Recht auf freie Meinungsäußerung gedeckt. Das müssen wir aushalten, auch wenn es unbequem ist.

Denn wenn sich die Haltung »Natürlich haben wir ein Recht auf freie Meinungsäußerung, aber es ist doch besser, von diesem Recht keinen Gebrauch zu machen!« verfestigt, dann haben Extremisten von Links- und Rechtsaußen leichtes Spiel. Dann bieten sich diese nur allzu gerne als politisches Auffangbecken an – die »Altparteien« hätten halt jeden Kontakt zur Bevölkerung verloren.

Derart leicht sollten wir es den Gegnern unserer freiheitlich-demokratischen Grundordnung nicht machen.

Die gespaltene Gesellschaft

Jede Spaltung in den Meinungen schwächt
eine Kraft, die bisher als eine einzige gewirkt hat.

Johann Friedrich Herbart

Nein, ich bin *kein* Impfgegner. Als die ersten Impfstoffe gegen die Coronavirus-Erkrankung (Covid-19) auf dem Markt waren, habe ich mich sofort ohne zu zögern impfen lassen, allerdings in der Annahme, dass die beiden empfohlenen Impfdosen vor Ansteckungsgefahren weitestgehend schützen und somit eine sterile Immunität erreicht werden könne. Also, dass ich selbst geschützt sei und auch andere nicht anstecken könne. Bisherige Impfungen hatten jedenfalls bei mir keine oder kaum spürbare Nebenwirkungen hervorgerufen, und das Produktversprechen »schützt zumindest vor schweren Verläufen« kam erst nach und nach zur Geltung. Als 70-Jähriger und zudem leider Risikopatient habe ich mittlerweile schon die zweite Auffrischungsimpfung erhalten – merkwürdigerweise erwischte mich das Coronavirus ausgerechnet wenige Tage nach der vierten Dosis.

Allerdings bin ich kein Anhänger einer allgemeinen Impf-

pflicht und erst recht nicht für eine zwangsweise Impfung von Personen, die sich ohne triftige medizinische Gründe – warum auch immer – nicht impfen lassen möchten. Das Bundesverfassungsgericht hat im Frühjahr 2022 die Verfassungsbeschwerden gegen die einrichtungsbezogene Pflicht zum Nachweis einer Impfung gegen Covid-19 verworfen. Die Nachweispflicht greife zwar in die verfassungsrechtlich geschützte körperliche Unversehrtheit ein, dieser Eingriff sei jedoch verfassungsrechtlich gerechtfertigt. Der Gesetzgeber verfolge den legitimen Zweck, »vulnerable Menschen vor einer Infektion mit dem Corona-Virus SARS-CoV-2 zu schützen«.

Mit der Frage, ob auch eine *allgemeine* Impfpflicht gegen dieses Virus verfassungskonform wäre, musste sich das Gericht nicht befassen, denn dem Bundestag war es zuvor nicht gelungen, eine Mehrheit für eine entsprechende gesetzliche Grundlage zu organisieren. Das Thema wird uns also weiterhin beschäftigen, zumal Grund zur Annahme besteht, dass im Spätherbst 2022 / Winter 2022/23 die Infektionszahlen wieder steigen werden.

Spätestens dann dürfte auch die gesellschaftliche Debatte über den richtigen Weg zur Bekämpfung der Pandemie im Allgemeinen und das Pro und Contra einer generellen Impfpflicht im Besonderen wieder Fahrt aufnehmen.

In Deutschland neigen wir bei politisch besonders umstrittenen Themen und mit großer Leidenschaft geführten kontroversen Debatten dazu, sehr schnell (nur) zwei Gruppen zu bilden: das Lager *pro* und das Lager *contra*. Bei dieser Einstellung liegt es in der Natur der Sache, dass Zwischentöne kaum wahrgenommen werden, eine differenzierte Betrachtung sehr schnell ad acta gelegt wird, weil allzu schnell die Frage kommt: Dafür oder dagegen?

Ein klassisches Beispiel hierfür ist die seit Jahrzehnten beliebte Frage: »Ist Deutschland ein Einwanderungsland?« Diese Frage ist einigermaßen sinnfrei, denn die Antwort hängt ganz entscheidend davon ab, wie man diesen Begriff definiert: Wenn man als Einwanderungsländer solche Staaten bezeichnet, in die Menschen aus anderen Ländern einwandern, dann dürften so ziemlich alle Länder dieser Erde – vielleicht mit Ausnahme von Nordkorea – »Einwanderungsländer« sein, folglich auch Deutschland.

Versteht man aber unter Einwanderungsländern jene Staaten, die sich ganz gezielt um (mehr) Zuwanderung bemühen, etwa um die Bevölkerungszahl oder die Zahl von Erwerbstätigen zu erhöhen, dann war Deutschland lange Jahre ein solches Land, jedenfalls bis Anfang der Siebzigerjahre der Anwerbestopp für ausländische Arbeitnehmer verfügt wurde – übrigens unter Kanzler Willy Brandt (SPD). Erst Anfang der 2000er-Jahre sollte unter Rot-Grün ein Paradigmenwechsel erfolgen, und angesichts der deutlich gestiegenen Migrationszahlen der vergangenen Jahre fällt es immer schwerer, Deutschland *nicht* als Einwanderungsland anzusehen.

Auch beim Thema Corona haben die Politik und die Medien sehr schnell nur zwei Gruppen definiert: In der einen versammelten sich die Befürworter aller staatlich angeordneten Schutzmaßnahmen. Hier waren die Einhaltung von Mindestabständen, das Tragen von medizinischen Schutzmasken, die Beachtung von Kontaktbeschränkungen im öffentlichen und privaten Bereich, kurzum die Beachtung aller Verbote und Gebote zum Schutz vor Corona ganz selbstverständlich.

In der anderen Gruppe verortete man die sogenannten Coronaleugner. Auch dieser Begriff ist ziemlich sinnfrei, was auch für ähnliche Begriffe wie Klimaleugner gilt. Wer Zweifel an der

Sinnhaftigkeit bestimmter Corona-Schutzmaßnahmen hat, der leugnet nicht die Existenz des Virus, sondern bezweifelt, ob bestimmte Maßnahmen notwendig und verhältnismäßig sind. Und das Klima ist nun mal existent, so wie das Wetter auch. Wetterleugner würde man doch auch nicht sagen.

Zu der Wortschöpfung Coronaleugner gesellten sich rasch die Aluhut-Träger und Verschwörungstheoretiker, wobei sich für deren Bezeichnung noch solide Sachargumente finden lassen. Es stimmt ja, dass über Ursprung und Auswirkungen des Virus wilde Spekulationen mit einer Inbrunst verbreitet wurden, als handle es sich nicht um fragwürdige Thesen und abwegige Behauptungen, sondern um unerschütterliche Wahrheiten. Wie das? Man muss heutzutage nur lange genug im Internet stöbern, um irgendwo genau das zu entdecken, was man schon immer vermutet hatte. Hält das einer gründlichen Nachprüfung nicht stand? Egal. Steht ja »im Netz«. Ist wissenschaftlich längst widerlegt? Erst recht egal. Vermutlich sind diese Wissenschaftler »gekauft« – von wem auch immer. Deshalb: Häkchen setzen, Daumen hoch, liken und weiterleiten. Jetzt werden wir es denen da oben aber mal zeigen! Die Wahrheit darf nicht länger von der Systempresse verschwiegen werden! Die Welt muss endlich erfahren, dass hinter allem Bill Gates steckt, der dafür sorgt, dass bei Impfungen gegen das Coronavirus Mikrochips zur Kontrolle der Menschheit implantiert werden!

Schwer zu glauben, dass derart abstruse Theorien auf fruchtbaren Boden fallen können – doch das ist bittere Realität. Früher hieß es: »Das *muss* stimmen. Das hat in der Zeitung gestanden!« Heute: »Das muss stimmen, ich habe es im Internet gelesen!« Frei nach dem Motto: Wenn es in der Zeitung und / oder im Internet steht, dann muss es ja stimmen, sonst wären der Text oder das Video nicht veröffentlicht worden! Aber: Wenn irgendetwas in der Zeitung steht oder via Internet veröffentlicht wurde, dann ist nur bewiesen, dass es dort zu finden ist. Mehr nicht.

Gerade deshalb hat der Qualitätsjournalismus für die öffentliche Meinungsbildung eine so große Bedeutung. Seriöser Journalismus zeichnet sich dadurch aus, dass er sich in der Berichterstattung nicht nur auf eine Quelle stützt, sondern auf mehrere. Dass Informanten und Informationen – so gut wie möglich – auf Plausibilität und Seriosität überprüft werden. Ist der Informant glaubwürdig, seine Informationen glaubhaft? Auch der Qualitätsjournalismus kann gelegentlich komplett danebenliegen. Die Hitler-Tagebücher des *Stern* oder die Märchen des ehemaligen Spiegel-Reporters Claas-Hendrik Relotius sind hierfür besonders prägnante Beispiele. Aber es sind Ausnahmen, sie sind nicht die Regel.

Und während die beiden erstgenannten Gruppen – nennen wir sie einmal das Team Lauterbach und das Team Coronaleugner – immer heftiger aufeinanderprallten, fand eine dritte Gruppe, obwohl alles andere als klein, kaum Beachtung. Jedenfalls keine medial bedeutsame. Vermutlich deshalb, weil sie keinen Krawall machte, nicht lautstark protestierte oder irgendwie unangenehm auffiel. In diesem Team trafen sich all jene, die weder die Existenz des Coronavirus noch die Gefährlichkeit von Infektionen leugneten. Sie verbreiteten keine abstrusen Theorien und hielten auch nicht Bill Gates für den Urheber allen Übels.

Aber sie hatten Fragen! Fragen an den Gesetz- und Verordnungsgeber, die nicht abwegig, sondern naheliegend und grundvernünftig waren. Man wollte halt etwas genauer wissen, ob zum Beispiel die verschiedenen Schutzmaßnahmen tatsächlich evidenz- oder doch eher vermutungsbasiert waren. Man wollte die Sinnhaftigkeit und Verhältnismäßigkeit der Maßnahmen genau erklärt bekommen – und nicht von oben herab belehrt werden. Wenn andere Staaten ganz andere Wege gehen – und deren Zahlen mit denen bei uns vergleichbar oder vielleicht sogar besser sind –, wieso glauben wir, dass *unsere* Maßnahmen die einzig richtigen sind? Und was ist mit den Risiken und Nebenwirkungen der Maßnahmen, insbesondere im Hinblick auf das Kindeswohl? Nicht nur im Hinblick auf Schule und Bildung, sondern auch auf die Freizeitgestaltung, den Umgang mit dem Freundeskreis? Und warum darf man morgens im vollbesetzten Bus zur Arbeit fahren, im Supermarkt, in der Apotheke, im Baumarkt und in der Drogerie einkaufen – nicht aber in einem Schuhgeschäft? Welche besonderen Ansteckungsgefahren lauern in einer Boutique? Und wieso war es problemlos möglich, Wäsche und andere Textilien im Supermarkt zu kaufen, nicht aber in einem Fachgeschäft?

Wenn die Politik diese Gruppe nicht verlieren will, wenn sie nicht zum Team Coronaleugner abdriften soll, dann genügt es nicht zu *behaupten*, dass alles sinnvoll, verhältnismäßig und widerspruchsfrei sei, dann muss man das im Detail begründen. Daran hat es oft gefehlt.

Obwohl die meisten Klagen oder Anträge auf einstweiligen Rechtsschutz gegen bestimmte Corona-Schutzmaßnahmen *keinen* Erfolg hatten, gab es erstaunlich viele Korrekturen durch die jeweils zuständigen Gerichte. So abwegig können also die Fragen, die Kritikpunkte von Team 3 nicht gewesen sein.

Ähnlich verhält es sich auch beim Thema allgemeine Impfpflicht. Alle Kritikerinnen und Kritiker einer Pflicht in die Ecke der Coronaleugner oder Coronaverharmloser stecken zu wollen, geht am Kern der Auseinandersetzung meilenweit vorbei.

Auch der ständige Hinweis auf die Impfpflicht gegen Masern und Pocken hilft nicht weiter, denn diese haben ja den legitimen Zweck, die Krankheiten auszurotten, was zumindest bei den Pocken auch schon vor langer Zeit gelungen ist. Nicht aber bei den sogenannten Affenpocken, die uns seit Frühjahr 2022 wieder beschäftigen. Bei Masern und Pocken geht es ja explizit nicht darum, mittels Impfungen nur schwere Verläufe abzumildern.

Allenfalls das kann aber – Stand heute – eine Corona-Schutzimpfung leisten und selbst das nur unvollständig. Ein Zitat von dem bereits erwähnten Prof. Dr. Hendrik Streeck, dem Direktor des Instituts für Virologie an der Medizinischen Fakultät der Universität Bonn, im Nachrichtenfernsehen ntv am 27.12.2021: »Ich sehe das sehr skeptisch, dass man jetzt anfängt, schon über eine vierte Impfung zu reden. Im Grunde können wir nicht mit einem Impfstoff arbeiten, der alle sechs Monate gegeben wird, weil wir uns dann eingestehen müssten, dass der Impfstoff nicht gut funktioniert. Ich finde da auch die Diskussion um die Impfpflicht etwas überraschend: Bei einem Impfstoff, wo wir weder die Schutzdauer noch die Schutzwirkung kennen oder wir sagen können, welche Varianten abgedeckt wären, und wie oft angepasst werden müsste (…), kann man ja auch gar keine Empfehlungen aussprechen, die langfristig sind. Anders verhält es sich bei Impfstoffen gegen Masern und Pocken, wo wir eine Impfpflicht hatten, weil wir mit denen das Virus ausrotten oder potenziell ausrotten konnten. Wo wir eben einen dauerhaften Schutz haben und auch eine sterile Immunität. Also einen Schutz vor Infektionen.«

Ist Hendrik Streeck deshalb ein Impf*gegner*? Nein. Er ist nur kein Befürworter des Impf*zwangs*. Ein feiner, aber wichtiger Unterschied.

Entsprechend differenziert müsste eigentlich auch die Politik argumentieren. Es ist nicht gerade vertrauensbildend, wenn der ehemalige Bundesgesundheitsminister Jens Spahn zunächst erklärte: »Ich gebe Ihnen mein Wort, es wird in dieser Pandemie keine Impfpflicht geben!«, und die Politik schon wenige Monate später daran arbeitet, hierfür die gesetzlichen Grundlagen zu schaffen.

Auch Bundesgesundheitsminister Karl Lauterbach war einmal ein begeisterter Gegner einer allgemeinen Impfpflicht. »Das wäre sowohl als Glaubwürdigkeitsverlust zu sehen, der gravierend wäre, als auch als etwas, das sogar das Impfergebnis, das wir haben wollen, gefährdet«, gab er im Mittagsmagazin zu Protokoll – allerdings bevor er Minister wurde. Dann hatte er plötzlich eine ganz andere Meinung.

Auch die Medien haben lange Zeit jeden, der vor der Einführung einer generellen Impfpflicht warnte, der Abteilung Verschwörungstheoretiker zugeordnet. ZDF Faktencheck am 06.05.2020: »Es handelt sich um eine Kampagne, die in den sozialen Medien losgetreten wurde, wo fälschlicherweise behauptet wurde, eine Impfpflicht wäre geplant.«

Vertrauensbildend war und ist das alles nicht. Wenn die Bürgerinnen und Bürger nicht mehr wissen, wem man noch vertrauen, auf wessen Wort man sich noch verlassen kann, dann nimmt die Politikverdrossenheit immer mehr zu. Obwohl, ganz präzise ist das Wort nicht. Nicht das Interesse an Politik nimmt dann ab, sondern das Vertrauen in jene, die politische Verantwortung tragen. Das Wort »Politikerverdrossenheit« dürfte passender sein.

Die Politik muss sich – auf allen Ebenen – viel intensiver darum bemühen, ihre Entscheidungen zu begründen. Nicht nur zu verkünden. Und wenn die Politik glaubt, aus welchen

Gründen auch immer, in bestimmten Sachfragen eine Wende um 180 Grad vollziehen zu müssen, dann hat sie die Pflicht, dem Publikum diese Kurskorrektur im Detail zu begründen. Politische Kurskorrekturen sind manchmal unausweichlich. Wie zuletzt in der Außen-, Wirtschafts- und Verteidigungspolitik durch den Krieg Putins gegen die Ukraine. Stichwort »Zeitenwende«. Politik war schon immer nicht statisch, sondern ein stetiger, dynamischer Prozess. Jede Zeit bringt neue Aufgaben und Herausforderungen, verlangt nach neuen, innovativen Antworten auf die drängenden Fragen. Das aber enthebt die Politik nicht der Verantwortung und der Pflicht, jeden Positionswechsel solide und nachvollziehbar zu begründen.

Nur so schafft man Vertrauen.

Epilog

—

> Das Merkwürdige an der Zukunft ist wohl die Vorstellung, dass man unsere Zeit einmal die gute alte Zeit nennen wird.
>
> *Ernest Hemingway*

Danke, dass Sie sich für dieses Buch entschieden haben! Wenn Sie kein Interesse an Politik hätten, wenn Ihnen die Zukunft unseres Landes gleichgültig wäre, dann hätten Sie ganz sicher zu einem anderen Werk mit einem ganz anderen Themenschwerpunkt gegriffen. Vielleicht teilen Sie nicht jede Beobachtung oder Analyse, vielleicht hätten Sie andere Schwerpunkte gesetzt oder bessere Vorschläge zur Lösung der hier beschriebenen Probleme unterbreitet. Sollte das so sein, dann ist das völlig okay, denn ich gehöre definitiv nicht zu jenen, die hartnäckig der Auffassung sind, dass nur die eigene Meinung die einzig vernünftige, vertretbare sei. Ein Wettbewerb um die besten Ideen für eine bessere Politik kann der Sache nur dienen.

Ein Problem politischer Sachbücher besteht immer darin, dass irgendwann mit unerbittlicher Strenge der Abgabetermin naht, dass zwischen Abgabe des Textes und dem Erscheinen eines Buches immer einige Zeit vergeht – und dass in diesem Zeitraum sehr viel Interessantes und Unerwartetes passieren kann. So vermutlich auch hier. Noch einmal von vorne anfangen geht leider nicht, und selbst wenn das möglich wäre, würde es nicht viel helfen – denn wiederum würde zwischen Fertigstellung des Textes und Erscheinen des Buches einige Zeit vergehen. Sehen Sie mir es daher bitte nach, dass dieses Buch nicht so aktuell wie eine Tageszeitung oder ein politisches Magazin sein kann.

Eigentlich schade, denn gerade das Jahr 2022 beweist schon nach wenigen Monaten, dass sich die politische Landschaft von heute auf morgen fundamental verändern kann. Wer von uns hätte zum Jahresanfang gedacht, dass stolze Kriegsdienstverweigerer nach schweren Waffen für die Ukraine rufen oder ein grüner Wirtschaftsminister nach Katar fliegt, um dort für Deutschland fossile Brennstoffe zu organisieren. Und dass die Ampel-Koalition für die Bundeswehr 100 Milliarden Euro zusätzlich bereitstellen möchte. Galt doch bislang im linken politischen Lager fast jede Investition in eine bessere militärische Verteidigung unseres Landes als eine kritikwürdige »Militarisierung der Außenpolitik«. So schnell können sich die Dinge ändern. Wer 100 Milliarden Euro mehr für die Verteidigung fordert, wäre gestern noch ausgepfiffen und niedergebrüllt worden – heute gilt das als staatspolitische Notwendigkeit. Was in der Sache auch tatsächlich richtig und keineswegs kritikwürdig ist.

Gerade deshalb beschäftigt sich dieses Buch auch weniger mit der tagespolitischen Aktualität als mit grundsätzlichen Fragen der politischen Arbeit. Und diese Themen verlieren ihre Bedeutung auch nicht durch stetig wechselnde, tagespolitische Ereignisse.

Deutschland ist mein Vaterland, das Bergische Land meine

Heimat. Bundesinnenministerin Nancy Faeser (SPD) möchte dem Begriff »Heimat« gerne einen anderen Inhalt, eine neue Bedeutung geben. Der Heimatbegriff solle »offener und vielfältiger« werden. Ehrlich gesagt habe ich selbst mit dem Begriff »Heimat« nie »geschlossen und einfältig« assoziiert, und deshalb wundert es mich, dass die Ministerin so denkt oder annimmt, dass viele im Land so denken würden. Eine gesetzliche Definition von »Heimat« gibt es nicht, und es muss sie auch nicht geben. Jeder wird diesem Begriff einen anderen Inhalt, eine andere Bedeutung geben. Für mich bedeutet »Heimat«, dort geboren und aufgewachsen zu sein, Familie und Freunde, Rückzugsort und Geborgenheit. Sehen Sie das anders? Auch okay, siehe oben! Ich ahne, wie diese Debatte ausgehen wird: So wie viele andere auch – ohne jedes praktische, greifbare Ergebnis. Auch bei diesem Thema werden sich viele fragen: Haben wir eigentlich keine anderen Sorgen? Man könnte aber auch sagen: Ein Land, das sich mit derartigen Fragen beschäftigt, muss ein glückliches Land sein.

Konzentrieren wir uns lieber auf die Themen und Herausforderungen, die für die Zukunft unseres Landes von wirklich überragender Bedeutung sind: auf die dauerhafte Sicherung eines Friedens, der diesen Namen wirklich verdient, auf die Vertiefung des europäischen Einigungsprozesses, die Stabilisierung der sozialen Sicherungssysteme vor dem Hintergrund der demografischen Veränderungen (auch) bei uns in Deutschland, auf die Erfüllung der klimapolitischen Ziele ohne eine Deindustrialisierung der Republik, die Einhaltung des energiepolitischen Versprechens »sicher, sauber, zu bezahlbaren Preisen« – und darauf, dass wir nie den Zusammenhang zwischen der wirtschaftlichen und der sozialen Leistungsfähigkeit unseres Landes aus den Augen verlieren.

Jede einzelne Aufgabe ist schwer genug. Je besser es der Politik gelingt, die Bürgerinnen und Bürger auf diesem Weg – wie es heute so schön heißt – »mitzunehmen«, desto schneller und besser werden wir diese Aufgabe meistern. Eine Voraussetzung hierfür wäre das Erstarken verloren gegangenen Vertrauens in die Politik und ihre Repräsentanten. Als Rheinländer bin ich ein geborener Optimist. Deshalb: Wir schaffen das!

Personenregister

—